世界でいちばん素敵な

大和言葉の教室

The World's Most Wonderful Classroom of Classical Japanese

はじめに

「遣らずの雨」という言葉をご存じですか。

客が帰ろうとする時、ちょうど降り出した雨をそう呼びます。

まだ帰って欲しくないと、名残惜しく人を引き留めるかのような雨です。

急な雨にはついつい「うわー、最悪のタイミングで降り出しましたね」と言いたくなりますが、

「あいにく降り出しましたね。まさに、遣らずの雨、という感じで」とさらりと言えたら、

奥ゆかしく上品な大人という感じがしますよね。

その人ともっと一緒にいたいという思いも伝わる感じがします。

口に出すのは照れ臭くても、この言葉を知っているだけで少し楽しく感じられるものです。

日本語のうち、訓読みの言葉で、長く使われている言葉を「大和言葉」と呼んでいます。

「努力」と漢語でいうよりも、

「努める」「励む」「力を尽くす」などの大和言葉を使う方がやわらかい印象を与えます。

会話やメール、手紙のなかで自然に使いこなせるようになると、

奥ゆかしく、人格や教養の深みも感じさせます。

この本で重点的に取り上げたのが、四季の風物に関わりの深い大和言葉です。

言葉は世界の窓です。

山笑う、青嵐、草紅葉、春隣……と、知ることによって見えてくる世界があります。

言葉を知ることで、それまで無意識だった世界の彩りが目に入ってくる。

そんなことを願って言葉を集めました。

国語を学ぶことで、人生に輝きと潤いを。

これは私の国語講師としてのモットーです。

本書が皆さんの日々をより輝かせ、心を潤わせることを願ってやみません。

吉田裕子

Contents

目次

Q

そもそも大和言葉って何？

A
古くから使われている、
日本固有の言葉です。

息を呑む美しさで咲き誇り、
はかなく散る姿に心惹かれる。

徒桜（あだざくら）

日本の春を代表する花といえば桜。
盛りはもちろんのこと、散り際の良さも愛されています。
日本人は昔からはかなく散る姿に潔さや切なさを感じ、
桜の花に風流を見てきました。
「徒桜」とは、はかなく散ってしまう桜の花のことです。
「徒」とは、実を結ばないさま、はかなくもろいさまの意。
誠実さに欠け、うわついたさまも表し、
「徒情け」はかりそめの愛情を意味します。
「徒や疎かにしない」は、人から受けた親切や忠告を、
決して粗末にせず、大切にするということです。

 では、「徒花」（あだばな）ってどういう意味？

A 咲いても実を結ばずに散る花のことです。

花といえば桜が代表とされますが、「徒花」は「徒桜」とは意味が違ってきます。「徒花に終わる」と使えば、見た目は良くても成果が伴わずに無駄に終わるという意味になります。

青森県弘前市にある弘前公園。
2600本の桜が咲くことで有名。

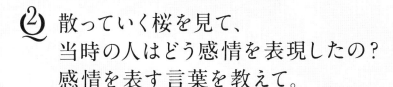

Q2 散っていく桜を見て、
当時の人はどう感情を表現したの？
感情を表す言葉を教えて。

A 「もののあわれ」が代表的でしょう。

大和言葉には、感情の機微を豊かに表す言葉が多く存在します。「もののあわれ」はしめやかな情緒のこと。しみじみとした感動や共感を示します。平安貴族ははかなく舞い散る桜を見て、「あわれ」という言葉でしみじみとした情趣を表現しました。ちなみに、感動した時に出る「ああ」という言葉が、あわれの語源といわれています。

Q3 桜に関する大和言葉を他にも教えて。

A 「桜狩り」や「夜桜」などがあります。

『日本後紀』によると、812年、新暦の3月28日に嵯峨天皇が行った「花宴の節」が花見の起源で、平安時代にはすでに花を愛でていたことがわかります。当時は街中に桜は少なく、桜を訪ねて山に行って鑑賞する「桜狩り」が生まれました。夜に桜を愛でること、また、夜に鑑賞する桜の花を表す「夜桜」、他の桜が終わったあとに咲く桜の「遅桜（おそざくら）」などがあります。

Q4 桜を使った代表的な句と言えば？

A 松尾芭蕉の句をご紹介しましょう。

さまざまの事思ひ出す桜かな

51歳で死去した芭蕉が45歳の時に、夭折してしまったかつての主人の屋敷を訪れ、桜の下で、昔のことを思い出して詠んだとされます。桜だからこそ、多くの人が感情を共有できる歌といえるでしょう。

芭蕉のふるさと三重県伊賀市上野にある俳聖殿。

大阪まいしまシーサイドパークの
ネモフィラ畑。約100万株のネ
モフィラが丘一面を青く染め上
げます。

誰もが穏やかな春の日を
一語で思い出す春の季語。

麗らか

2月4日頃の「立春」から5月5日頃の「立夏」の前日までを、
暦の上では春といいます。
「麗らか」は、太陽の穏やかな日差しがそそぐ、のどかな様子を表す春の季語。
「麗らかな日和」という言葉を聞くと、
暖かくなりのんびりとくつろぐ人々の様子が目に浮かんできます。
「麗らかや松を離るる鳶の笛」は、高浜虚子に師事した俳人、
川端茅舎（1897-1941年）が詠んだ句です。
麗らかな春の日、高い声とともに
晴れた空に鳶が舞い上がって行く様子が、
幾世代を経た今でも目に見えるようです。

① 「麗らか」は天候を表す以外にも使える？

A 人や鳥の様子などを表す時にも使います。

声が明るく朗らかな様子を表す時にも用いられ、「麗らかなひばりの声」や「女性の麗らかな声」のような表現に使われます。また、「麗らかに言い聞かせる」など、隠し立てがなく、心が晴れやかな様子を表現する時にも使うことができます。

② 「うらら」も「麗らか」と同じ意味？

A そうです。
「うらら」も春の季語です。

滝廉太郎作曲・武島羽衣作詞の楽曲『花』の歌い出し「春のうららの隅田川」で広く知られています。「うらうら」も同じ意味の春の季語です。穏やかな春を感じる大和言葉としては、他にも、「のどか」（19ページ）や「風光る」、「水温（みずぬる）む」（33ページ）、「蛙の目借り時」などがあります。

隅田川のそばには、桜並木。麗らかな日には人々がここで過ごします。

Q

おぼろづき
朧月ってどんな月?

A
春先に、霞や薄雲がかかって
ぼんやりと見える月のことです。

茨城県の景勝地、大洗海岸。海岸が真
東を向いており、海中の白い石鳥居の真
上から昇る日の出を見られることでも知
られています。

透き通った月は美しい、けど、ぼんやりとした月も美しい。

朧月（おぼろづき）

「朧」は、大気が水蒸気を含んで、
すべてのものがぼんやりと見える様子をいいます。
ただ形あるものを表現する時ばかりでなく、
鐘の音がぼんやりしているさまを「鐘朧（かねおぼろ）」といいます。
ぼんやり滲んだ音の感じが見事に伝わります。
秋や冬の透き通った美しい月だけでなく、
朧月のように滲んで柔らかく光る月に風流を感じ、
惹かれるところは、不完全なものに美しさを覚える
日本人らしい感性だといえるでしょう。

Q 朧月が出てくる有名な和歌を教えて。

A 『新古今和歌集』に大江千里（おおえのちさと）の和歌があります。

照りもせず曇りも果てぬ春の夜の
朧月夜にしくものぞなき

「照り渡るわけでもなく、完全に曇ってしまうわけでもない朧月に及ぶものはない」と詠んだ歌です。

愛媛県と高知県の県境にある四国カルスト。日本三大カルストのひとつ。夏は緑の草原、秋には一面にススキが広がります。

Q2 『源氏物語』の「朧月夜の君」とも関係ある?

A あります。大江千里の和歌に由来しています。

紫式部の『源氏物語』に登場する六の君、朧月夜の君という名は、Q1の大江千里の和歌に由来します。なお、近代では「菜の花畑に、入日薄れ…」で始まる、高野辰之作詞・岡野貞一作曲の童謡『朧月夜』が、文部省唱歌として歌われ、広く知られています。

Q3 春の夜に関わる季語は他にもある?

A 「春の星」などがあります。

「春の星」は、冬に冷たく輝く星と違い、朧に輝く星。朧な月を指す「春の月」も季語になっています。「春の闇」というと、月のない春の夜の闇。春の息吹が感じられるしっとりとした夜です。一方、夏の季語の「五月闇(さつきやみ)」は、五月雨(現代の梅雨)の頃の暗さを表し、昼夜どちらにも使われます。

Q4 朧豆腐（おぼろどうふ）も朧月と関係あるの?

A 関係あります。

豆乳ににがりを加えて、完全に固まらないうちにすくった「朧豆腐」。固まりきっていないあいまいな形を、朧と表現しました。また、湯通しした豆腐に葛餡をかけた料理も「朧豆腐」といい、ぼんやりと豆腐が白く見えることから、朧月に見立てて名前が付いたといわれます。

にがりを加えた後の固まりかけの朧豆腐は、「汲み豆腐」ともいいます。

南アルプス北部にある鳳凰山から臨む朝
靄（もや）のかかった富士山。山麓には
霞がかかりやすいといわれています。

「霞」と「朧」、同じ自然現象でも、昼と夜で呼び名が違います。

霞（かすみ）

社会生活に疲れてくると、
「霞を食べて生きていければいいのに」と思ったりしますが、
もちろん霞を食べて生きられるのは仙人だけです。
そもそも「霞」とは、春に空気中に浮遊する水蒸気の影響で
遠くのものがはっきり見えなくなる現象や、
空気中の水分で遠方の山などの前に見える薄雲そのものをいいます。
実は、朧（14ページ）も水蒸気による同じ自然現象。
昔の人は「霞」を明るい時間帯、
「朧」を主に月夜の描写に使用しました。
ちなみに、ものがぼんやり見える時に「目がかすむ」といいますが、
名詞の「霞」は、動詞の「かすむ」が変化した言葉です。

① 「霞」と「霧」は違うの？

A 季節が違います。

水蒸気が立ち込める現象としては同じですが、春なら「霞」、秋なら「霧」となります。平安時代以降に呼び分けるようになりました。ちなみに「靄（もや）」も現象としては同じですが、霞や霧より薄い状態として分類され、季語ではありません。

② 「鐘霞む（かねかすむ）」ってどういう意味？

A のどかな春の日に響く鐘の音です。

春に、遠くから鐘の音がかすむような感じで聞こえる様子をいいます。霞は秋の霧とともに、俳句の伝統的な季題で、時間によって「朝霞（あさがすみ）」「昼霞（ひるがすみ）」「夕霞（ゆうがすみ）」などと使い分けられています。また、遠くをぼんやりおおった「遠霞（とおがすみ）」、淡くかかった「薄霞（うすがすみ）」などの表現も知られています。

③ 「霞」を使った言葉をもっと教えて！

A 七十二候（しちじゅうにこう）に「霞始靆（かすみはじめてたなびく）」があります。

「霞始靆」は、気象の動きや動植物の変化を知らせる七十二候のうちのひとつで、春霞がたなびき始める2月24日から28日頃を指します。昔の人は、山々の裾野にうっすらと広がる春霞のことを、春を司る女神「佐保姫（さおひめ）」がまとう着物の裾にたとえました。

光の屈折によって起こる、
もやもやとしたゆらめき。

陽炎(かげろう)

春、晴れて風のない日に、
強い日差しに熱せられて、地面から水蒸気が立ち昇る、
もやもやとしたゆらめきのことを「陽炎」といいます。
『古事記』の時代から「かぎろひ」として用いられ、
明け方の空の光のゆらめきを表す時にも使われました。
光の屈折によって海上などで起こる「蜃気楼」も春の季語。
陽炎のように、ゆらめような飛び方をすることから名付けられたという説を持つのが、
昆虫の「カゲロウ(蜻蛉、蜉蝣)」です。
カゲロウに蜻蛉の字を当てるのは、「カゲロウ」がトンボの古名だからで、
古の時代には、トンボとカゲロウは明確に分けられていなかったのです。

Q 「陽炎」の語源を教えて。

A ちらちらと揺れる光や火のことです。

陽炎を意味する「かぎろひ」の「かぎ」はちらつく光を表す「かがよふ」と同じ語源と見られます。また「ひ」は「火」
であることから、きらきら光って揺れる火が語源とも考えられます。

よく晴れた暑い日にアスファルトの
上に起きる。

外国語には翻訳しにくいけど、日本人なら分かる"この感じ"。

のどか

差し迫った感がなく、穏やかに過ごせる様子を表している「のどか」。
春の季語として使われ、天気の良い穏やかな春の日や、
のんびりした気分や様子のことをいいます。「のどやか」とも。
「のど」は古語で「穏やかな」という意味。「のどなり」といえば、
穏やかだという意味で、「か」は様子を表す接尾語です。
「のどか」は季語としては春の季語ですが、
平和さや、のんびり落ち着いた人の様子も表します。
他言語に訳す時は困ってしまいそうですが、
「のどかだねえ…」といえば、日本語を使う多くの人が、
その様子を共有できるのではないでしょうか。

「のどか」が使われている有名な和歌は?

A 『古今集』に紀友則（きのとものり）の和歌があります。

久方の光のどけき春の日に しづ心なく花の散るらむ

「こんなに日の光がのどかに射している春の日に、なぜ桜の花は落ち着かなげに散っているのだろうか」と詠んだ歌です。

日本の農村風景は多くの人が
「のどか」だと感じる風景です。

菜の花畑にとまるアゲハチョウ。
春は、他にもシジミチョウなど小
さな蝶を目にすることが多い季
節です。

ひらひらと飛び交う羽ばたきが
待ちに待った春の訪れを告げる。

初蝶（はっちょう）

俳句では「熊穴を出る」「蛇穴を出る」が春の季語となっているように、
古来、日本人は、動物の行動から、季節の移り変わりを感じてきました。
そんな日本人が楽しみにしていたのが「初蝶」です。
その年に初めて見る蝶のことで、
まだ4月の声も聞かないうちに見つければ、
「今年も春が来たなあ」と感じるわけです。
蝶は夏の方が活発に活動していますが、
「蝶」という言葉自体も、夏ではなく春の季語となっています。
ビルに囲まれた都会でひらひらと舞う蝶に遭遇すると、
どこから来たのだろうと不思議に思うことも。
普段から生き物に目を向け、季節に敏感でいたいものです。

Q1 「初蝶」が出てくる有名な俳句を教えて。

A 俳人・石田波郷（はきょう）（1913-1963年）の俳句があります。

初蝶やわが三十の袖袂（そでたもと）

故郷の愛媛県・松山市から上京し、水原秋桜子（みずはらしゅうおうし）の『馬酔木（あせび）』の最年少同人となった石田波郷。この句はその『馬酔木』から独立する時のものです。

Q2 季節の訪れを告げる「初」がつく言葉は、他にもある？

A 「初鰹（はつがつお）」や「初霜（はつしも）」などがあります。

「初鰹」は、初夏の頃、その年初めて獲れる旬の鰹で、
江戸っ子はみんな食べたがったといわれています。虫
や鳥、特に鶯（うぐいす）や杜鵑（ほととぎす）が、その年、
あるいは季節に最初に鳴く声は「初音」。特に鶯の鳴
き声に使います。「初霜」「初雪」は、今も日常で使わ
れる大和言葉です。

鰹には二度旬があり、初夏の頃
を「初鰹」、秋の頃を「戻り鰹」
といいます。

Q

「東風」が
春の言葉なのはどうして?

梅は2月から3月にかけて
開花する植物で、春告げ草
という別名があります。

A
春は東の方角から来ると
理解されていたからです。

菅原道真の歌で知られる「東風」、春の訪れを喜ぶ気持ちが伝わります。

東風
こち

春先に東から吹いてくる風が「東風」です。
春を呼び、梅の花を咲かせるといわれ、
春の到来を告げるものの代表として、多くの歌に詠まれています。
元になっているのは、中国で古くから伝わる考え方「陰陽五行説」です。
その宇宙観、世界観において、春は東に配されていることから、
春風を「東風」と表すようになったといわれます。
大和言葉を知る上で覚えておきたいのが、
太陽の動きに合わせて1年を24に分けた「二十四節気」。
その最初が「立春」です。
二十四節気をさらに細かく分けた「七十二候」では立春は
「東風解凍」から始まります。春風（東風）が氷を解かすという意味です。

「東風」って他にも読み方はある？

A 「あゆのかぜ」と読むこともあります。

奈良時代の越中、今の富山県で使われていた方言で、沖から吹く夏のそよ風のことです。「東風（あゆのかぜ）いたく吹くらし奈呉の海人の釣りする小船漕ぎ隠る見ゆ」と、大伴家持が『万葉集』で詠んだ歌が残っています。

福岡の太宰府天満宮。菅原道真に所縁のある神社。御神木は「飛梅」という名の梅です。

Q.1 「東風」で有名な菅原道真の和歌も教えて！

A 『拾遺和歌集』のこの和歌です。

東風吹かば 匂ひおこせよ 梅の花 主無しとて 春を忘るな

藤原時平の陰謀で太宰府（大宰府）に左遷される際、自邸の梅の木に別れを告げた時の歌です。この梅が咲いて、太宰府の道真のところに飛んで行ったという話が「飛梅伝説」として伝わっています。

 Q.2 「東風返し」って何？

A 東風が吹いた後、西から吹く風です。

「東風の返し」ともいわれます。東風に関係する表現では、他にも「強東風（つよごち）」「桜東風（さくらごち）」「朝東風（あさごち）」「夕東風（ゆうごち）」などがあります。

★COLUMN★

二十四節気と七十二候

「立春」や「夏至」「冬至」など、季節を表す言葉の多くは、「二十四節気」が元になっています。二十四節気は、紀元前に中国で考案されたもので、当時、使われていた太陰暦のずれを修正しながら、一太陽年を24等分して、それぞれの期間の始まりに、季節を表す名称を付け、暦のように用います。

二十四節気の考えは、四季のある日本には馴染みやすく、「立春」などは、今でもよく使われます。昔は「立春」がちょうど年の切りかわりで、その名残が「新春」「初春」の語にあります。ただ、1873年以降、太陽暦であるグレゴリオ暦（新暦）を導入したため、立春は2月3日から4日ということになりました。

「七十二候」は、二十四節気のそれぞれを、さらに3つに分けたものです。

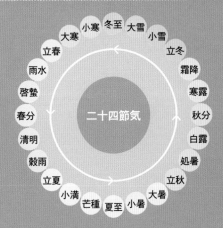

花が咲いて色づいた春の山。
山笑うは、俳句における春の
季語で、春の山の明るい感じ
を表しています。

山は笑ったり、眠ったり……、擬人化しながら自然を愛でました。

山笑う（やまわらう）

山の木々が一面に芽吹き、うっすらと霞んで見える様子のことです。
色合いが美しく、のどかで明るい山の様子を感じる言葉です。
出典は、北宋時代の画家、郭熙の『臥遊録』内のフレーズ、
「春山淡冶にして笑うが如く」とされています。
華やかな「山笑う」に対して、「山眠る」は冬の季語。
生気を失い、静まり返って深い眠りに落ちたように見える
冬の山の様子を表しています。
山が笑ったり、眠ったりと擬人化したのは、
きっと、現代よりも山が身近な存在だったからなのでしょう。

Q1 自然を擬人化した素敵な表現は、他にもある?

A 「花も恥じらう」という表現があります。

若い女性の美しさを表す言葉です。美しい花さえも、引け目を感じてしまうほどに美しいことを表しています。

Q2 春の山に関する大和言葉をもっと知りたい!

A 「山焼き」も春の山を代表する言葉です。

山の枯れ草を焼く行事ですが、早春の風のない日
に行われるので、春の季語になっています。残っ
た灰が肥料になり、害虫の卵の駆除にもなります。
「野焼き」「野火」ともいいます。

山口県秋吉台の山焼き。日本最
大規模の山焼きで、600年以上
続く伝統行事です。

27

Q

動物が登場する
大和言葉を教えて。

猫は昔から日本人に愛されてきた
生き物。平安時代の宇多天皇も
黒猫を飼っており、当時の貴族の
間で愛玩されていました。

A
「猫の恋」などがあります。

今も日本人は猫が好き、大和言葉にもたくさん登場します。

猫の恋

インターネット上には猫の画像や動画が溢れていますが、
大和言葉にも、猫に関する言葉がたくさんあります。
春の季語である「猫の恋」は、
早春にうるさく鳴く猫の様子を表します。
生物学的には発情期ということなのでしょうが、
それを恋に身悶えする猫の姿として表現するのが粋で、
猫への愛情が感じられます。「猫の妻恋」ともいいます。
猫は奈良時代、唐から輸入される穀物や経典をネズミから守るために、
荷物といっしょに渡来したといわれます。間もなくペット化して、
平安時代の『源氏物語』や『枕草子』にも登場しています。

Q 猫に関する大和言葉をもっと教えて!

A 「猫かぶり」「猫なで声」など、たくさんあります。

「猫の額」といえば、場所が狭いこと、「猫の目のよう」といえば、周りの明るさに変化する猫の目のように、物事がその時々の事情によって目まぐるしく変わる様子を表します。また、「猫またぎ」というとまずい魚のこと。魚が好きな猫でさえ、またいで通り過ぎてしまうからです。

春を仲良く過ごす猫のつがい。
晩冬から初春までが猫の交尾期
にあたります。

遊女を「猫」と呼んだって本当？

A はい、隠語で呼びました。

遊女が客にしなをつくる姿が猫に似て見えることや、猫の皮でつくった三味線で踊ったことから「猫」と呼ばれました。「猫は傾城（遊女）の生まれ変わり」という言葉もあります。

 猫以外の動物も大和言葉になっている？

A 身近な動物の名前の多くが、大和言葉です。

猫をはじめ、犬や鶯（うぐいす）、蛙、鯉など、古くから日本人の周りにいた動物の名前は大和言葉です。狐（きつね）も古くから人と親密だった動物で、「狐につままれたような」といえば、化かされた気持ちを狐のせいにした言葉。狐が人を騙すイメージは、中国から伝わった『九尾の狐』という神話によって定着しました。

稲荷信仰も相まって日本人に縁深い狐。

岐阜県大垣市で行われている
舟下り。水が温かくなる頃か
ら始まる風物詩。

水のぬくもりに季節を感じるのは、
水に恵まれた日本だから。

水温む（みずぬるむ）

川や池の水に直接触れることの少ない都会でも、
水道水の温度に、季節を感じる人は多いのではないでしょうか。
「水温む」とは、春になって、水が温かく感じられるようになること。
川や池、沼などの水が温むと、水草も育ち、生物も活発に動き始めます。
「水温む季節になりました」と、時候の挨拶にも使えます。
日本では、背骨のように連なった山脈に、雨水が豊かに降り注ぎ、
山に蓄えられ、森に命を与え、川から海に注ぎ、
また雨となって降り注ぐ水の循環を身近に感じてきたため、
水は日本人にとって、大変身近な自然なのです。

① 「水温む」が使われている俳句はある?

A 高浜虚子の俳句があります。

人影の映り去りたる水温む

虚子には他にもこんな句があります。

これよりは恋や事業や水温む

これから社会に出ていく教え子の卒業生に贈ったといわれる句です。「水温む」という春の到来によって、未来への希望を感じる句です。

② 春の訪れを感じる大和言葉を
他にも教えて。

A 「薄氷（うすらい）」「虫出しの雷」など、たくさんあります。

「薄氷」は春先の寒い朝に薄く張る氷や薄く溶け残った氷のことで、「はくひょう」ではなく「うすらい」「うすごおり」と読むのが普通です。冬の氷を表す時には使いません。「虫出しの雷」とは、立春後に初めてなる雷のことで、虫たちを冬眠から呼び覚ます様子を伝えています。

やわらかくて軽い雪。花の
上にうっすらと積もります。

Q
「淡雪」は冬の季語?

A
春先に降る雪を表す
春の季語です。

四季折々の自然を愛でる心に響く、すぐに消えゆく儚い雪。

淡雪
あわゆき

淡雪とは、春先に降るやわらかくて消えやすい雪のことです。
泡のようにふわふわとしているので
「泡雪」や「沫雪」と書かれることもあります。
四季があり、温暖湿潤気候に抱かれている日本には、
天候を表す大和言葉が豊富に存在します。
俳句や短歌でもよく詠まれ、「あわゆき」は春の季語。
ボタンの花びらのように大きな雪片は「牡丹雪」と呼びます。
もう少し小さく綿をちぎったようだと「綿雪」と呼ぶなど、
印象の違いを繊細に呼び分けます。こちらは冬の季語です。

Q 雪に関する大和言葉は他にもある？

A 「名残の雪」や「斑雪」「雪代」などがあります。
なごり　　　　　　はだれゆき　　ゆきしろ

「名残の雪」は春が来ても残っている雪で、春になったのに冬のように降る雪のこと。名残は余韻や余情を意味
します。ちなみに名曲「なごり雪」で「の」を抜いたのは、作詞の伊勢正三さんのオリジナル表現でした。「斑雪」
はまだらに降り積もった雪、または、はらはらと降る雪のこと。「雪代」というと、雪解け水のことを表します。

群馬県沼田市の御殿桜。
真田信幸が沼田城の天守
閣を築造した時に植えら
れたと伝えられています。

② 淡雪という花があるって本当?

A バラの品種です。

丸みのある白い花を咲かせます。黄色いしべがアクセントとなり、和風の趣があります。1990年に日本で生まれた比較的新しいバラです。

③ 料理の名前にも「淡雪」が付くことがあるけど?

A 淡雪に見立てた菓子や料理のことです。

「淡雪羹 (あわゆきかん)」や「淡雪豆腐」のことを、略して「淡雪」といいます。淡雪羹は、泡立てた卵白 (メレンゲ) に、砂糖を加えて煮詰めたものに寒天を加えて固めた羊羹の一種。淡雪豆腐は、淡雪のように、やわらかくつくった特製の豆腐です。淡雪のような見た目や、舌で溶けるような食感がある菓子や料理の名前に使われています。

淡雪羹は、自宅でもかんたんに作れるお菓子です。

④ 「淡雪」が使われている和歌ってある?

A 大伴旅人をはじめ、多くの歌人が詠んでいます。
<small>おおとものたびと</small>

淡雪の ほどろほどろに 降りしけば 奈良の都し 思ほゆるかも

大伴旅人の歌は大宰府に赴任していた時のもので、『万葉集』に収められています。「淡雪がまだらに降り積もると、奈良の都がしきりに思われることだなあ」という意味です。

雨にきらめくオオイヌノフグリ。
瑠璃唐草（るりからくさ）や星の
瞳と呼ばれることもあります。

雨になるか、雪になるか、空を見上げて春を待ち望む。

雨水
う
すい

空から降ってくるのが雪ではなく雨になり始める頃、
草木の芽が出始める頃のことを「雨水」といいます。
厳密には大和言葉ではないのですが、
二十四節気のひとつとして古くから用いられています。
2月4日頃の立春から15日後、現在の暦では、2月19日頃のことです。
特に雪国の人たちにとっては、雪解けに至るまでの待望の第一歩。
ただし、雪になるか雨になるかは複雑な要因によって決まるので、
雨水の後にも雪が降ることがありますが、
「そろそろ雨に変わってほしいなあ」と、
空を見上げて春を待つのが風流だといえるでしょう。

1 最後に降りる霜にも名前は付いているの？

A 「別れ霜」と呼ばれています。

晩春の最後に降りる霜で、忘れた頃にやってくるので「忘れ霜」ともいいます。霜は農業にとって大敵であるため、「八十八夜の別れ霜」という表現もあります。立春から88日、八十八夜の頃に多いとされています。

2 二十四節気で春は、どのように分けられるの？

A 立春、雨水、啓蟄、春分、清明、穀雨です。
　りっしゅん　うすい　けいちつ　しゅんぶん　せいめい　こくう

一太陽年を24等分する二十四節気（25ページ）。分離の最初の日に名称が付けられています。2月4日が「立春」、2月19日が「雨水」、3月5日が「啓蟄」、3月20日が「春分」、4月5日が「清明」、4月20日が「穀雨」です。ただし年によっては日にちが前後することもあります。

3 「雨水」に雛人形を飾るのはなぜ？

A 水が命を象徴する源と考えられているからです。

水の神である弥都波能売神（みずはめのかみ）は豊穣をもたらし、子宝や安産の神と信仰されていることから、雨水の日に飾ると良いといわれるようになりました。

じっとり濡れて艶っぽい、
しとしと降る春の雨。

春雨 (はるさめ)

「春雨」は、春に降る細かい雨のこと。
しとしとと雨音も立てずに降り、じっとり濡れる雨ですが、
艶っぽさも感じる雨として捉えられていたようで、
小唄や端唄の曲名にもよく登場します。
特に有名なのは、江戸時代に江戸で流行した『鶯宿梅 (おうしゅくばい)』。
柴田花守作詞で、長崎丸山の遊女の作曲と伝えられています。
時代劇好きなら、『月形半平太』の中の決め台詞、
「春雨じゃ濡れて行こう」をご存知かもしれません。

Q 食べ物の春雨と関係あるの？

A 春の雨の見た目と関係があります。

デンプンからつくった透明な麺である春雨の名は、降る春雨に似ていることから付けられています。

春雨で濡れるカタクリの花。
宮沢賢治が『山男の四月』で、
カタクリの葉の模様を秋鮭の
腹にあるまだら模様にたとえて
います。

できる大人は、
時候の挨拶で使っています。

花曇り
（はなぐもり）

ビジネスのメールなら味気ない定形の挨拶文でも良いですが、
きちんとハガキなどを書くとなると、まず困るのが時候の挨拶です。
それが桜の時期なら、お勧めしたいのが「花曇り」という言葉。
花曇りとは、桜の花が咲く頃の曇りがちな天気のことです。
春はお天気が良い印象があるかもしれませんが、
移動性高気圧の影響で、曇りが多い時期。
「桜の季節になりましたが、花曇りの日が続きます」などの挨拶文は、
この時期にしか使えないだけに、上級者の感を醸し出せそうです。

他にも曇りを表す言葉はある?

A 「鳥曇り」があります。
（とりぐもり）

花曇りと同じ時期の曇りがちの空。渡り鳥が北へ帰る頃であることからこう呼ばれることもあります。

春は曇りやすい季節。
曇りは曇りでも気温
は低くならず、暖かい
天気です。

恋に関する大和言葉

大和言葉には、恋する気持ちを表すものがたくさんあります。
心の内を詩的に表現したい時に使ってみてはいかがでしょうか。

花心
はなごころ

花の持つ花を咲かせようとする心。転じて人間の華やかな心、陽気な心のことを花心といいます。一方、花は咲いてすぐに散ることから、移りやすい心を指すこともあります。

惚ける
ほうける

『源氏物語』ではままならぬ恋に思い悩み、ぼんやりする場面に使われています。ちなみに『源氏物語』は、滋賀県大津市にある石山寺で書き始められたと伝えられています。

心の中でのみ恋しく思う様を心恋といいます。『万葉集』に「うら恋し我が背の君はなでしこが花にもがもな朝な朝な見む」という和歌があります。

心恋
（うらこい）

人を恋しく思うあまり、病気にかかったような様子を恋煩いといいます。青い朝顔には「短い恋」「儚い恋」という花言葉があります。

恋煩い
（こいわずらい）

御田植祭の様子。豊作を祈念して
田植えの工程を演じます。早乙女
が田植歌を歌いながら、実際に早
苗を植えます。

豊作を願う神聖な「田植え」で、
ハレの日を彩る女性たちがいます。

早乙女（さおとめ）

現在は単に「少女」「おとめ」という意味でも使いますが、
もともとは田植えの日に苗を植える女性たちを早乙女と呼びました。
田植えは農村にとって、
稲作の豊穣を願って「田の神」に捧げる重要な儀礼です。
早乙女は、紺の単（ひとえ）に赤い襷（たすき）、
白い手ぬぐいの上から菅笠を着けた姿で、
神事を行う巫女としての役割を果たしました。
今も各地の田植え神事で早乙女姿を見ることができます。

1 早乙女の語源は何？

A 「さ」は田の神を表しています。

「おと」は若い、「め」は女性が語源とされています。「皐月（さつき）」「早苗（さなえ）」の「さ」も同様に田の神が語源とされます。「乙女」は後の時代につくった当て字です。

2 早乙女はいつ頃から使われた言葉？

A 平安時代の和歌にも登場します。

古くは「植女（うえめ）」とも呼ばれました。1051年の和歌に「さをとめの山田の代（しろ）におり立ちて急ぐ早苗や室（むろ）のはや早稲」と詠まれています。田植えは大人数で一気に仕上げる必要があるため、古くから女性が主力となっていました。

3 食事に関係する大和言葉を教えて。

A 「箸やすめ」などがあります。

箸を置いて食事を中断させることではありません。和食で、食事の合間に出される、気分転換や口の中をさっぱりさせるための小料理のことです。同じ料理ばかり食べていると、どんなにおいしい料理でも味に飽きてしまいますが、別の味の料理を挟むことで、よりおいしく料理を楽しんでもらいたいというおもてなしの心が表れた言葉です。

小皿や小鉢に少量盛り付けられます。さっぱりとした酢の物、吸い物、漬物、和え物など、淡い味付けのものが多いのが特徴です。

Q

天気に関わる大和言葉を
教えて。

A

「五月雨」などがあります。

山形県を流れる最上川。ひとつの都府県のみを流れる川の中では国内最長。「五月雨」を使った有名な句の舞台です。

うっとうしいけれど恵みの雨、多彩な表現は暮らしに近いから。

五月雨 (さみだれ)

「五月雨」は、陰暦の5月頃に降り続く長雨のことです。
陰暦の5月は、現在使われている新暦（太陽暦）の6月にあたるので、
私たちが鬱陶しいと感じている「梅雨」と同じです。
「さつき」の「さ」は田の神を表しているので、
五月雨は、田植えが済み、青々と伸びる頃の雨を意味しています。
大和言葉は、雨をはじめ、天候に関する表現がとても豊かです。
どの国の言葉も、生活に深く関わることは、細かく分けられる傾向があります。
四季があり、温暖湿潤気候の日本で、
天候に関わる言葉が豊富なのには、わけがあるのです。

Q 「五月晴れ」と「五月雨」は関係ある？

A 関係あります。五月晴れは梅雨晴れのことでした。

本来、五月晴れは梅雨の期間中に時々ある晴れ間を指していました。しかし、昭和時代に入り、新暦5月の清々しい晴れという意味が定着していきました。

雨に濡れる紫陽花。梅雨の時期の6〜7月にかけて開花します。

② 「五月雨式」ってよく聞くけど?

A 断続的に物事が行われることです。

ビジネスでも「五月雨式に納品します」などと使いますが、だらだらと続くことの例えにも用いられ、長く続く梅雨の雨のイメージです。湿気を帯びて乱れた女性の髪を「さ乱れ髪」といいますが、「五月雨」の意にかけて用いられます。

③ 「五月雨」を使った句を教えて。

A 松尾芭蕉の有名な句があります。

五月雨を集めて早し最上川

『奥の細道』に収められている句で、川舟で山形県の最上川を下った時のものです。降り続いた五月雨の水を集めた川を、ものすごい速さで流れ下っていく様が表されています。五月雨は夏の季語として使われています。

④ 雨には、他に特徴的な呼び方はある?

A 梅雨の前ぶれの雨を 「卯の花腐し」と呼ぶことがあります。

卯の花(ウツギの花)を腐らせるほどの長雨ということです。旧暦の卯月は、新暦で5月頃にあたります。梅雨より少し前に訪れる雨がちの時季を指します。

本来、ウツギは「空木」と書きますが、これは茎の中が空洞であることが由来。

★COLUMN★

新暦と旧暦

日本では、明治5年(1872年)12月まで、月の満ち欠けを基準とした「太陰太陽暦」を使っていましたが、その後、世界の多くの国で用いられている「グレゴリオ暦」へと移行しました。グレゴリオ暦は地球が太陽の周りを回る周期(太陽年)を元にして作られる暦です。この経緯から、前者を旧暦、後者を新暦と呼びます。旧暦の4月の名称であった卯月の名前は、新暦の4月にも使われますが、実際に表す時期は1カ月程度のずれが生じてしまいます。

生い茂る緑が強風で揺れる草むら。
徐々に暑くなってくるこの時期は、
植物の生育旺盛期です。

青葉の香りを乗せて、
鯉のぼりを力強く泳がせます。

青嵐
（あお
あらし）

「青嵐」は、青葉の生い茂る森林や草原などで
初夏に吹き渡る、強い風のことをいいます。漢詩で使われる「せいらん」を
訓読みして「あおあらし」として広く定着しています。
単に強い風ではなく、青々とした爽やかさ、若々しさを含んだ言葉です。
端午の節句は五節句のひとつで、平安時代から行われていますが、
鯉のぼりは、江戸時代になってから武士によって始められたものです。

① 青嵐は、どうして「青」なの?

A　初夏の青葉を吹き渡る風だからです。

「青」という言葉は古くから使われていましたが、青も緑も藍もカバーしてきました。青葉という語に限らず、「青々とした新緑」など、現在なら緑と表す時にも、「青」が使われています。

② 他にも色が付く風ってある?

A　「青田風」という風もあります。

青々とした田んぼを渡っていく風を「青田風」といいます。逆に「色なき風」と表されるのは秋の風です。

空を泳ぐ鯉のぼり。風が強い
とより力強く泳いでいるよう
に見えます。

Q

夏の蒸し暑さを
大和言葉で表現すると?

A
「草いきれ」といいます。

夏の風物詩ヒマワリ畑。太陽に向かって
顔を向ける様子を見かけるだけで汗がに
じんできます。

真夏の炎天下の草むら――、
あのむせ返るような熱気と匂い。

草
い
き
れ

夏は気温が上がり、草木が一気に生い茂る、
命の躍動を感じる季節です。
そんな夏の日の炎天下、強い日射しを受けて草むらから立ち上る、
むせ返るような熱気や匂いのことを「草いきれ」といい、夏の季語です。
俳句の季語としては「草のいきれ」「草の息」も同様に使われます。
漢字で書くと「草熱れ」となります。
現代ではコンクリートが多くなったとはいえ、おそらく多くの人が、
あの熱気と匂いを感じた記憶を持っているのではないでしょうか。

 「草いきれ」を使った句を教えて。

A 与謝蕪村の句があります。

草いきれ人死に居ると札の立つ

草むらがむせるような熱気を発している夏に、誰かの訃報を知らせる立て札が立っていたという人の死と植物の生命力が対比的に描かれている一句です。草いきれは、夏の生命力を示す季語で、近代俳句、現代俳句でよく使われます。

足元から立ち上る草や土の匂いは、日射が強く風が弱い時に起こる、夏の風物詩です。

② 「いきれ」って何のこと？

A 熱気でむっとすることです。

文法的に言うと、熱くなる、熱気でむっとするという意味の動詞「いきれる」の名詞形です。人がたくさん集まった時の熱や匂いでむっとするのは「人いきれ」、太陽に照らされた土が発する熱気は「土いきれ」といいます。激しく怒って興奮する「いきり立つ」は、「熱り立つ」と書き、やはり「いきれる」に関連した語です。

③ 夏の情景を表す大和言葉をもっと教えて！

A 「短夜」「油照り」などはいかがでしょう。

「短夜」は短い夏の夜のこと。日暮れから夜明けまでが早いことに夏を感じる言葉です。秋の「夜長」と好対照です。「油照り」は、夏の薄曇りの日に風がなくてじりじりと暑い様を表します。

滋賀県の琵琶湖で行われるヨットレース。曇っていても暑い日は、湖上へ出て涼しさを感じたいところ。

季語って何？

俳句・俳諧・連歌では、春の「春風」、秋の「紅葉」など、季節と結びつけた季語（季題）を用いることが決まっています。決まった言葉が一定の季節と強く結びつくのは、平安時代からありましたが、鎌倉時代以降、連歌が隆盛をほこる中で、季語が必須のものとなっていきました。季語を集めた『歳時記』には今日、5000を超える季語が収められているものもありますが、多くの大和言葉が含まれています。「草いきれ」は夏の季語で、同義で代わって使える語（副題）として、「草のいきれ」「草の息」が挙げられます。

クマゼミ。7月頃から鳴き始め、
シャワシャワ……と聞こえます。

夏を代表する音色を、
冬の雨に見立てて味わう。

蝉時雨
（せみしぐれ）

「時雨」という言葉は良く聞かれますが、
実は、どんな雨なのかは知らない方も多いのではないでしょうか。
「時雨」とは、急にぱらぱらと降っては止み、
しばらくすると通り過ぎていく冬の雨のことです。
「蝉時雨」は、たくさんのセミが鳴く様子を、時雨が降る音にたとえた言葉。
ひとつの場所で一斉に鳴いたかと思うと鳴き声が止み、
しばらくすると別の場所から聞こえてくる様を、
時雨の雨音に重ねる感性は、
常に自然の音に耳を傾けていたからこそ生まれるのでしょう。

① 「蝉」が使われている 有名な句ってある?

A 『奥の細道』に収められている松尾芭蕉の句があります。

閑さや岩にしみ入る蝉の声

元禄2年（1689年）に出羽国（山形県）の立石寺で詠んだ句で、『奥の細道』の中でも有名な句です。

② 時雨を含む言葉は他にもある?

A 「春時雨」などが知られています。

「春時雨」は、春に降るにわか雨のことで、やはりざっと降って通り過ぎる雨のことです。「初時雨」はその冬に最初に降る時雨です。「蝉時雨」のように、時雨に見立てた表現としては、「虫時雨」（88ページ）や「露時雨」などがあります。「露時雨」は露が一面に降りて、時雨で濡れたように見えることを表します。

③ 時雨煮も関係あるの?

A 色々な風味が口の中を通り過ぎることから 名前が付けられました。

現在では、生姜入りの佃煮全般を指しますが、本来は蛤（ハマグリ）の佃煮のことを「時雨蛤」といいました。時雨煮の語源には、色々な風味が口の中を通り過ぎることから時雨に例えられたとする説の他にも、時雨が降る時期の蛤がいちばん美味しいから、短時間で調理を仕上げるのが時雨に似ているから、という説があります。

古の人は経験で知っていた、
晩夏に起こる海の自然現象。

土用波
（どようなみ）

「土用」と聞くと、「土用の丑の日」を思い出し、
さらに「鰻」へと、連想が広がる方も多いかもしれませんが、
そもそも「土用」とは、中国の五行思想に基づいてできた
季節の変わり目（雑節）の名称です。
実は「土用」は年に4回あるのですが、
現在は、土用といえば「夏の土用」を指すことが多くなっています。
夏の土用は、小暑（7月7日頃）から立秋（8月7日頃）にかけてで、
その頃に太平洋側の海岸に打ち寄せてくる大波が「土用波」です。

 土用波ってどうして起こるの？

A 沖合の台風によるうねりが原因です。

古の人たちは、気象の知識はなくても、毎年起こる季節の現象として、
しっかり認識していたことを言葉が証明しています。

高知県桂浜。坂本龍馬の銅像が
ここから太平洋の土用波をを見つ
めています。

クーラーがなかった時代の
夏を涼しく過ごす知恵。

端居（はしい）

夏の暑さから逃れたいと思うのは、今も昔も同じです。
冷房器具がなかった時代に行っていたのが「端居」。
端居の「端」は縁側のことです。
家の端に近く、風通しの良い縁側などに座って、涼を取ることをいい、
「端居」は夏の季語にもなっています。
縁側のある家が少なくなった今も、
縁側で涼む場面はアニメなどに登場することも多く、
日本人の記憶にしっかり刻み込まれています。

Q 他にも涼を取る意味の言葉はある？

A 「打水（うちみず）」も大和言葉です。

ヒートアイランド現象で、打水が注目されていますが、気化熱云々を知らなくても、
水をまけば涼しくなることは昔の人も体感で知っていたようです。

縁側のある家屋は、日本らしさを感じる住居の典型ともいえます。

もくもくとのびる入道雲が夏らしさを感じさせる風景です。大男の立ちはだかる姿に似ていることから名付けられました。

夏のもくもくした積乱雲、豪快な夏の景色が浮かびます

雲(くも)の峰(みね)

暑さだけでなく、「夏だなぁ」としみじみ感じるのは、
まっ青な空に浮かぶ巨大な雲を見た時ではないでしょうか。
「雲の峰」は、山の峰のように、そびえ立つ積乱雲のことをいいます。
積乱雲は、気象学的に言うと、
鉛直方向(地面と垂直の方向)に著しく発達した雲のこと。
高さ数キロから十数キロメートルに及ぶこともあります。
「入道雲」は積乱雲または巨大積雲の別名で、夏によく見られます。
積乱雲は大気が不安定な状況で発生するので、
青い空に豪快な雲の峰を描いた後に、雷やひょうを伴った雨が降るなど、
天候が悪化することが多いため「雷雲」とも呼ばれます。

1 松尾芭蕉は、雲の句も詠んでいる?

A 『奥の細道』にまさに「雲の峰」を使った句があります。

雲の峰幾つ崩れて月の山

「昼間は、峰のように高くそびえていた雲が沸き立っては消えていった。今は、月がかかり、月山だけが神々しい姿を見せている」と、山形で月山を仰ぎながら詠んだ句です。

2 「雲の峰」のように、雲を何かに見立てた表現は他にもある?

A 「雲海」があります。

高い山の上や、飛行機から見下ろした時に、眼下に広がる海のように見える雲のことをいいます。層状の雲です。

雲海の中から出てくる朝日が美しい、長野県の乗鞍岳。北アルプスの南端に位置しています。

多くの人々が生活する現世
の東京。さながら、空蝉の
街といえるでしょう。

蝉の抜け殻かと思いきや
もっとスケールの大きい話でした。

空蝉（うつせみ）

もともとは「うつしおみ」「うつせみ」という言葉が変化したものが「空蝉」です。
漢字で現人や現身と書き、この世に生きている「現世の人」のことです。
転じて、生きている人の世界である「現世」を表すようになりました。
現世を意識することは、自ずと死を意識することでもあるので
はかなさが伴います。
さらに、「うつせみ」を漢字で「空蝉」と当て字表記したことから、
蝉の抜け殻に対しても使われるようになりました。
賑やかに鳴く蝉ですが、成虫になった後の短命さを知っているだけに、
幼虫の形そのままに脱ぎ捨てた殻にさえも哀愁を覚えます。

Q1 文学作品にも「空蝉」は出てくる？

A 『源氏物語』第三帖の巻名が
まさに「空蝉」です。

第三帖に登場する架空の女性の通称が「空蝉」です。
主人公、光源氏の愛を拒み、一枚の着物を残して去ったこ
とを、源氏が蝉の抜け殻にたとえて歌に詠んだことから名
前がついています。

『源氏物語絵色紙帖 空蝉』より、
囲碁を打つ空蝉を、光の君が覗
き見るシーン。

Q2 では、「空蝉」を使った和歌はある？

A 『万葉集』に収められている大来皇女（おおくのひめみこ）の歌が知られています。

うつそみの人なるわれや明日よりは二上山を弟世とわが見む

大来皇女が、弟である大津皇子を二上山に葬った時に詠んだ歌で、「あの世にいる弟と違って現世にいる自分は、
明日からは、二上山を弟だと思って見よう」と歌っています。

瀬戸内海に浮かぶ牡蠣棚。四方
を山に囲まれ、風の弱い瀬戸内
海は凪の時間が長く続きます。

風がぴたっと止む時の静寂を
楽しめる大人になりたい。

朝（あさ）
凪（なぎ）

「凪」とは、陸風と海風が切り替わる時に、
海岸の近くで風が完全に止むことをいいます。
陸地は温まりやすく冷えやすく、海は温まりにくく冷えにくいので、
昼になって、太陽が陸地を温めると、
地表付近では海から陸へと海風が吹きます。
逆に夜になると、陸から海への風、陸風が吹きます。
朝、陸風から海風に入れ替わる時の無風状態が「朝凪」。
夕方に海風から陸風に切り替わる時が「夕凪」です。
気温の高い夏は、凪が明確で長く続くため、
「朝凪」も「夕凪」も夏の季語になっています。
風がまったく吹かず、海面に波がないことを「べた凪」といいます。

① 凪の対義語は何？

A 「時化（しけ）」です。

時化は風雨のために、海が荒れている状態をいいます。海が荒れたために魚がとれず、不漁であることも時化です。
漁に関することだけでなく、興行や商売が思わしくない時にも使う言葉です。

---

② 昼間に風が止んだら何ていうの？

A 真夏の昼間に風が止むことを「風死す」といいます。

盛夏の昼間に、風がぴたりと止んで、耐え難い暑さになる
ことです。風を擬人化することで、息苦しい暑さが生々し
く伝わってきます。瀬戸内海沿岸地域では、凪の時の暑
さが厳しいことが知られています。

広島県と愛媛県をつなぐ瀬戸内
しまなみ海道。眼下に瀬戸内の
島々を眺めながらドライブやサ
イクリングが楽しめます。

雨に関する大和言葉

日本人は古くから雨にいろいろな感情をのせて表現してきました。
絶妙なニュアンスを伝えたい時に使える大和言葉です。

日照雨（そばえ）

日が照っているのに雨が降っていることを
日照雨といいます。また、「狐の嫁入り」、「通
り雨」ともいいます。

涙雨（なみだあめ）

涙の粒のようにほんの少し降る雨を涙雨といいます。
泣きたい気持ちの時、悲しみに同情したように降って
くる雨のことを指すこともあります。

帰ろうとする人を引き止めるかのように降ってくる雨
のことを遣らずの雨といいます。遣るとは「出発させ
る」「行かせる」の意味があります。

遣らずの雨

土砂降りとは、大粒の雨がざあざあと降ることを
いいます。実は「土砂」は当て字で、擬態語の「ド
サッ」に「降る」を組み合わせて作られた言葉です。

土砂降り

錦に見立てられることもある
身近に現れる秋の訪れ。

草紅葉
くさもみじ

紅葉というと、色づく山の木々を連想する方が多いと思いますが、
「草紅葉」は、野の草が色づくことや、色づいた草のことをいいます。
「草の紅葉」「草の錦」と表現されることもある「草紅葉」。
錦は、さまざまな色の糸を用いて、
華麗な模様を織りだした織物の総称で、美しいものを表します。
ちなみに睡蓮などの水草の紅葉も趣があり、「水草紅葉」といいます。
山の木々が色づくよりも早く見られる草紅葉。
紅葉狩りに出かける特別感はなくとも、
身近でいち早く感じる秋の訪れが、
昔から大切にされてきたことがわかる言葉です。

Q 「草紅葉」が楽しめる場所ってどこ?

A 尾瀬国立公園などがあります。

福島県、栃木県、群馬県、新潟県の4県にまたがる、日本で29番目の国立公園です。盆地状になった湿原が
有名で、数ある湿原の中でも特に尾瀬ヶ原では見事な草紅葉が見られます。

美しい草紅葉が広がる尾瀬ヶ原。
山小屋や燧ヶ岳（ひうちがたけ）
が望めます。

「もうそろそろね」に心躍る
緑から赤への変わり目。

薄紅葉
（うすもみじ）

桜前線に対抗して、紅葉の見頃の移り変わりを見せるものを
「紅葉前線」と呼ぶことがありますが、
その始まりを感じられる言葉が「薄紅葉」です。
まだ緑が残りながらも、薄く色づいた木の葉のことを表します。
日本全体でみると紅葉は、北海道の大雪山から始まり、
約3カ月かけて南下します。その間に紅葉はもちろん、
ツタやコナラ、カキなどさまざまな木が色づき、散っていきます。
薄紅葉から黄落（こうらく）の時期まで、
自然の移り変わりを楽しめるのは、広葉樹林の多い日本だからこそです。

Q 「紅葉」がつく俳句の季語を教えて。

A 蔦紅葉、柞紅葉（ははそもみじ）、柿紅葉などがあります。

ちなみに、「柞（ははそ）」はコナラの古名です。
また、柞という漢字はコナラやクヌギ類の総称でもあります。

岩手県西和賀町の湯田ダムと
つながる北上川。湯田ダムの
湖には、錦秋湖という別名が
あります。

鰯雲は雨の予兆現象ともいわれ
ています。

大群で泳ぐ壮観な海の情景を、秋の雲になぞらえました。

鰯雲（いわしぐも）

秋の天気といえば、澄み切った空の秋日和。
そして、秋の雲として、まず思い浮かべるのが「鰯雲」でしょう。
鱗雲、鯖雲などとも呼ばれますが、気象用語では巻積雲といいます。
小さな雲がたくさん集まり、魚の群れや、魚の鱗のように見える雲で、
高度5〜10kmと、上空高くに浮かびます。
日本では、台風や移動性低気圧が頻繁に近づく秋に多く見られ、
秋の季語となっています。
この雲が出ると鰯が大漁になるとされ、
漁師たちには縁起の良い雲として喜ばれていました。

① 「秋日和」ってどういう天気？

A 空が高く、よく晴れた秋の天気のことをいいます。

澄み切った空が広がり、運動会にぴったりだと感じるような
天気です。「秋晴」も秋の季語で、秋のすっきりした晴天
を表しますが、天気よりも、空を表している言葉です。

山梨県の湖北ビューライン。
秋日和の日には、富士山がはっ
きり見える通りです。

② ことわざの「鰯の頭も信心から」ってどういう意味なの？

A 信仰心の不思議さを表しています。

鰯は日本近海で普通に獲れる魚であったことから、鰯の頭のようにつまらないものでも、信じる気持ちがあれば尊く
見えるということです。「鯛の尾より鰯の頭」というと、大きな集団の末端にいるより、小さな集団のトップになる方
が良いという意味で、「鶏口となるも牛後となるなかれ」に類することわざです。

Q

美しい紅葉を表現する
大和言葉を教えて。

栃木県奥日光、明智平の紅葉で
美しく彩られた山々。奥に見え
るのは中禅寺湖です。

A

「山粧う」は
どうでしょう。

色とりどりの紅葉を、山のおめかしに見立てました。

山粧う（やまよそおう）

紅葉の名所を訪ねる紅葉狩りは、すでに平安時代から行われていました。
「山粧う」は、紅葉で美しく彩られた山のことをいいます。
「粧う」は「よそおう」と読み、当用漢字では「装う」を使います。
ファッション系の情報だと、
「秋の装い」などという表現は今もよく見られます。
「化粧」という言葉にも使われる漢字の「粧」は、
「粧す」と書くと「めかす」と読みます。
近頃は、「おしゃれ」という言葉ばかりが使われますが、
和の言葉としては「おめかし」という言葉も覚えておきたい素敵な言葉。
山のおめかしが「山粧う」ということなのです。

Q 「山粧う」のように、山を擬人化した表現は他にもある?

A 「山滴る」（やましたたる）などがあります。

「山粧う」は、北宋の山水画家である郭熙（かくき）の『臥遊録（がゆうろく）』の「春山鍛冶にして笑うが如く、夏山蒼翠にして滴るが如く、秋山明浄にして粧うが如く、冬山惨淡として眠るが如く」というフレーズに由来しています。夏以外の季節に関しても、「山笑う」（26ページ）、「山滴る」、「山眠る」（121ページ）という表現が使われます。

紅葉の代表格、もみじ。赤く色づくのはアントシアニンが由来。

「ほのめかす」の「めかす」も、
「粧す」と同じなの？

A 語源は同じですが、「それらしくふるまう」という意味です。

他にも「秘密めかす」「冗談めかす」などの使い方があります。この場合の「めかす」と、おしゃれをするという意味の「粧す」は、語源が同じだと言われています。

 紅葉狩りのように、
古くから秋に楽しんできた行事はある？

A 秋の七草や月見などがあります。

秋を代表する草花、秋の七草は「萩（はぎ）」「薄／尾花（すすき／おばな）」「桔梗（ききょう）」「撫子（なでしこ）」「葛（くず）」「藤袴（ふじばかま）」「女郎花（おみなえし）」の7つです。春の七草が粥にして食べるのとは異なり、秋の七草は、眺めて楽しむ草花です。秋の月見には、薄が似合います。

秋の自然に関する和の言葉、他にも教えて！

A 「菊日和」はいかがでしょう。

菊日和は、菊の花が盛りの頃の秋晴の日のこと。菊の花が鮮やかに映えるような天気のことです。

紅葉狩り

紅葉の季節に紅葉を見に行く「紅葉狩り」は、平安時代から行われていました。「狩り」は、元々は獣を捕まえる意味でしたが、だんだんと野鳥や小動物、さらに、いちご狩りのように果物などを採る意味にも広がりました。紅葉狩りは、木の枝を折って手にとって眺めたことから「狩り」が使われるようになったといわれます。人々は紅葉を眺め、歌を詠み、宴を開いたそうで、今も、多くの人々が桜の花の下で開く宴会が好きなことを考えると、その様子は想像に難くありません。室町時代の能楽師、観世小次郎信光の作品、『紅葉狩』には、美しい紅葉の情景が描かれています。同名の歌舞伎舞踊曲も有名です。

強風で倒れた稲。大和言葉では、
秋の暴風雨のことを野分と呼ん
でいました。稲が倒れてしまうと
機械での収穫が難しくなります。

現代でいうなら台風、
野原を分ける強い風です。

野の分わき

秋に吹く暴風を「野分」といいます。台風も古くは野分と呼ばれました。
野原の草木を分けて吹き荒れることから付いた名で、
「のわき」または「のわけ」と読みます。
『源氏物語』の第二十八帖の巻名になっている他、
夏目漱石の小説のタイトルにもなっています。
「野分立つ」といえば、嵐のような風が吹くこと、
「野分雲」は野分を引き起こす雲、
「野分晴」は野分が過ぎ去った後のからりとした晴天のことをいいます。
天気予報もなく、台風の位置もわからなかった時代、
台風一過の晴天である野分晴の嬉しさは、
今より大きかったに違いありません。

他にも強い風を表す言葉ってある?

A 「鮭嵐さけおろし」などがあります。

鮭を獲る頃に吹く強風のことです。鮭が産卵のために川を上るころ、
東北地方に吹く強い風で、「芋嵐」は里芋の葉が裏を見せるほ
どの強風、「黍嵐（きびあらし）」は黍の穂が倒れるほどの強風をい
います。

知床で鮭を捕らえるヒグマ。鮭
嵐が吹く頃は、ヒグマの食事の
季節でもあるのです。

地震のことは大和言葉でどう言うの?

A 「なゐ」と言いました。

「なゐ」は元々、大地のことで、「なゐ振る」で地震を表していましたが、そのうちに「なゐ」だけで地震を表すようにな
りました。雷のことは「いかづち」といいました。ちなみに「ゐ」は現代の発音では「い」と同じです。

山吹（ヤマブキ）は春の季語
ですが、初冬に咲くこともあり
ます。

春に咲く花が秋に咲く……、
驚きと笑顔をもたらす花々。

かえり花

そろそろ厳しい冬がやってくると身構える初冬の頃、
小春日和に誘われるように咲く、
桜や山吹、ツツジ、梨などの花を「かえり花」といいます。
桜をはじめ、これらの花は、本来、春に咲く花たち。
そのため「返り咲きの花」とも呼ばれ、
「返り花」「帰り花」と書くこともあります。
人々が忘れた頃に咲くので「忘れ花」、
さらには「狂い花」や「狂花」と呼んだり、季節外れに咲くことを
「二度咲き」「狂い咲き」などと表現したりすることもあります。
散々ないわれようですが、「かえり花」を見つけることは嬉しいこと。
やがて訪れる冬を前に、しばしの間、心が安らぎます。

① 「かえり花」についてもっと教えて。

A 二度目の勤めに出ることを表すこともあります。

身請けされた遊女が、再び、遊郭に勤めに出
るという意味で使われることもありました。本来
の意味とは違い、悲しさを伴うかえり咲きです。

京都府の島原。かつては遊郭が
立ち並ぶ地域でした。現在も一
部建物が残されています。

② 「かえり花」を使った句ってある?

A 凩に匂ひやつけし帰花

これは松尾芭蕉の『後の旅』に収められた句です。「帰花のおかげで寒々しい凩に彩りが生まれた」という句。

お月見のお供といえばすすき。
稲穂の代わりや魔除けのために
使われているといわれています。

会いたい人を待つ心持ちは、
昔も今も変わりません。

待宵（まつよい）

「宵」とは、夜に入って間もない時間帯のことです。
「待宵」は元々、訪ねてくるはずの恋人を待つ宵のこと。
それが転じて、旧暦の8月14日の夜のことを指すようになりました。
翌日の「中秋の名月」を訪ねてくる恋人に見立て、
十五夜の月を待ち焦がれる宵という意味です。
現在の暦では15日が満月になるわけではありませんが、
旧暦は月の満ち欠けに基づいた暦なので、
十五夜はほぼ満月（望月）になります。
そのため、待宵のことを小望月とも呼びます。

① 待宵ってどんな風に使うの？

A 『新古今和歌集』の小侍従（こじじゅう）の歌を見てみましょう。

待宵にふけ行く鐘のこゑきけばあかぬ別れの鳥は物かは

恋人を待っている夜に聞く鐘の音に比べれば、朝の別れを告げる鳥の声は大した悲しさではないと、恋人を待つ切なさを歌った歌です。『平家物語』にも登場し、この歌の評判で、「待宵」は和歌を読む時の言葉（歌語）として定着し、作者も「待宵の小侍従」として有名になったそうです。後に、月を待つ夜を指す用法が増えました。

② なぜ「中秋の名月」というの？

A 秋の真ん中の満月だからです。

陰暦では7月から9月が秋とされていたので、8月15日はその真ん中となります。そのため、「中秋」と呼ばれました。

③ 待宵についてもっと教えて。

A 待宵草という植物があります。

江戸時代に、園芸品種として日本に持ち込まれました。6月～8月の一夜だけ黄色い花を咲かせ、朝にはしぼむ花です。月見草とよく似ているため、間違われることもありますが、月見草はピンク、待宵草は黄色の花が咲くので見分けられます。

日本では、扇子の原型が見られはじめたのは
奈良時代といわれています。

気が付くと季節は移ろい、忘れられてしまいました。

秋<ruby>扇<rt>あき</rt></ruby><ruby>扇<rt>おうぎ</rt></ruby>

SNSが生活に浸透した今、
誰もが周りから忘れられることを恐れているように見えます。
振り向いてもらおうと変な方向に頑張ると炎上してしまう時代、
「秋扇」という言葉を知って、頭を冷やすといいかもしれません。
「秋扇」とは、秋になって不要になっても、
手元に残っている扇のことをいいます。
暑い夏の間は、「これがないと困る」とばかりに大切にされていたのに、
秋が深まるとともに使われなくなり、忘れ去られてしまうことを表しています。
そこはかとない悲哀が伝わってくる言葉です。

Q1 「扇」を使った言葉は他にもある?

A 秋扇とほぼ同じ意味の「<ruby>捨扇<rt>すておうぎ</rt></ruby>」があります。

秋になって置き捨てられている扇です。秋扇、捨扇の他、同様に「忘れ扇」「秋の扇」という表現も使われます。
「団雪(だんせつ)の扇」というと、男性の愛を失って捨てられた女性のこと。漢の宮女が君寵を失った自分を
秋の扇に例えた詩をつくった故事に由来しています。

「団雪の扇」の詩は、漢の成帝
に仕えた班婕妤(はんしょうよ)
作。班女とも呼ばれる彼女らは
都・長安で過ごしました。

Q2 秋扇のような悲しい感情を伝える時の和の言葉を教えて。

A 「うら悲しい」「もののあわれ」など、
感情を豊かに表す大和言葉はたくさんあります。

うら悲しいの「うら」はなんとなく、心の中でという意味。わけもなく悲しい感じを表します。「もののあわれ」は、同情
せずにはいられないとか、しみじみと感じ入る様子を表します。

奈良県生駒郡の法起寺。法隆寺
とともに世界遺産に登録されて
おり、三重塔は国宝でもありま
す。周辺は自然豊かで秋にはコ
スモスが咲き乱れます。

秋も、春や夏に負けない、花が魅力的な季節です。

花^{はな}野^の

「花野」は、秋の草花が咲き満ちた野原のこと。花野原ともいいます。
秋の花を揺らす「花野風」、秋の花におおわれた「花野道」も、
秋の季語として使われます。
「花」は春の季語で桜を指すことが多いですが、「お花畑」は夏の季語。
高山で雪解け後に一斉に高山植物が咲き乱れる様をいいます。
秋の七草に数えられる女郎花^{おみなえし}や藤袴^{ふじばかま}など秋の草花は、
春や夏に比べると派手さはないものの、可憐な花が多い印象。
気持ちのいい秋風に揺れる様子は人の心を惹きつけます。

① 秋の七草について教えて。

A 秋に花が咲く草の中でも代表的な7種です。

75 ページで紹介したように、萩（はぎ）、薄／尾花（すすき／おばな）、葛（くず）、撫子（なでしこ）、女郎花（おみなえし）、藤袴（ふじばかま）、桔梗（ききょう）の7種で、『万葉集』の山上憶良のこの歌が元になっています。

萩が花　尾花葛花撫子の花　女郎花また藤袴　朝顔の花

歌が詠まれた時代にまだ朝顔は日本に持ち込まれていなかったため、今の桔梗であると考えられています。

② 秋に咲く「彼岸花」も秋の季語？

A はい。「彼岸花」「曼珠沙華」として秋の季語になっています。

秋の彼岸の頃、田の畔や堤に群れをなして咲く彼岸花は、曼珠沙華ともいわれます。長く伸びた茎の頭に、血の色を連想させるほど真っ赤な花をつけるため、「死人花」や「幽霊花」とも呼ばれます。

東京都神代植物園の彼岸花。群生は写真の被写体としても人気。

京都府の保津川。川下りやトロッコ
列車など、観光地として知られます。
鮎が漁れるため、観光客向けに鮎の
塩焼きが売られています。

秋・冬・春・夏、そして秋、
激しい生き方の最後の姿です。

落鮎
おち
あゆ

鮎は秋に産卵し、孵化した稚魚は海で冬を過ごし、
翌年の春に川を上ってきます。
美味しいのは夏で、梁漁などでかかった鮎は、
背中はオリーブ色で腹面は白と、姿が美しいのも特徴です。
「落鮎」は、その後、初秋に産卵を行うために川を下る鮎をいいます。
産卵を終え、死んでゆくばかりの秋の鮎は、
背は黒ずみ、腹には鉄さびのようなまだら模様が現れます。
そのため「錆鮎」「渋鮎」「下り鮎」などとも呼ばれています。
力強く川を上り、子孫を残し、力尽きて死んでいく……。
激しい生き方の終焉を迎えた姿に、どこか哀愁を感じてしまいます。

① 秋の生き物に関する言葉を教えて。

A 「渡り鳥」は秋の季語にもなっています。

日本で越冬するために、秋には、北方から雁や鴨、鵜（らい）、鶴など多くの渡り鳥がやってきて、春に帰っていきます。
「渡り鳥」だけでも秋の季語ですが、「雁来る」「鴨来る」「鶴来る」に加え、「燕帰る」など、秋に帰る鳥に関
しての季語も存在します。

② 梁漁ってどんな漁?

A すのこ状の台「梁」に魚を誘導して捕らえる
伝統的な漁です。

川の幅を石などで狭め、誘導してきた魚を捕ま
える漁具・仕掛けを使う漁で、鮎をはじめ、サ
ケ、マスなどの漁でも使われます。平安時代
には存在していた古い漁で、今も観光用に
各地で行われています。「魚梁」は「やな」と
読んで、夏の季語になっています。

上流側は水中で、下流側は水上になっているので、
流れてきた魚がすのこの上に打ち上げられます。

道ばたにあるような枯れた草むらから
も、虫の合唱が聞こえてきます。

現代ではなかなか聞けない 贅沢な秋の虫たちの合唱。

虫
時
雨

（むししぐれ）

「虫時雨」は、たくさんの秋の虫が鳴きしきる様子を、
時雨の雨音にたとえた言葉です。
あたり一面に虫の声が響く様子をいいます。
時雨は、秋から冬にかけて一時的に降ったりやんだりする雨のことです。
「虫すだく」も、虫時雨と同様の季語になります。
すだくは漢字で書くと「集く」で、虫などが集まって鳴くことや、
群がってさわぐことをいいます。
都会ではなかなか聞くことができない虫の声ですが、
長い秋の夜、静かに耳を傾ける心の余裕がほしいものです。

「虫時雨」の虫って、どんな虫？

A 鈴虫、松虫、蟋蟀（こおろぎ）などです。

リーンリーンと鈴の音のような美しい声で鳴く「鈴虫」、チ
ンチロリンと涼やかに鳴く「松虫」、コロコロと鳴く「蟋蟀」
のいずれも、秋の季語になっています。他にも「螽蟖（き
りぎりす）」「轡虫（くつわむし）」「邯鄲（かんたん）」など、
秋の季語となっている虫の名前は多く、それぞれ聞き分
けていたことがわかります。

鈴虫は、2枚の羽をこすっ
て音を出します。

昔の人々も虫の鳴き声を楽しんでいたの？

A 清少納言は『枕草子』で虫について書いています。

『虫は』という章で、「虫は鈴虫。ひぐらし。蝶。松虫。きりぎりす。はたおり。」と、鳴く虫が好ましいと挙げています。
平安時代は、かごに入れた虫の鳴き声を聞いて楽しむ遊びが風流だとされ、貴族の間で流行しました。

Q

霧雨ってどんな雨?

A
層雲から
降ることが多い雨です。

鹿児島県の屋久島。「ひと月で35
日雨降る」といわれるほど雨が多い
島です。

四季がある日本だからこそ、天候に関する言葉は豊富です。

霧雨（きりさめ）

「霧」は地表や水面の近くで、水蒸気が冷えて凝結し、
無数の細かい水滴になって、浮遊している現象です。
「霞」も水蒸気が冷え凝結することで起きる自然現象です。
ただ、平安時代以降は、秋に立つものを霧、
春に立つものを霞と呼び分けるようになりました。
「霧雨」は気象庁の区分けによると、
「微小な雨粒（直径0.5mm未満）による弱い雨」。
数字的な区分けはともかく、
霧は、幻想的な場面やミステリアスな場面の演出には欠かせないらしく、
日本でも海外でも、小説や映画にしばしば登場します。

霧の付く言葉をもっと教えて！

A 時間や場所などによってさまざまな表現があります。

時間によって「朝霧」「夕霧」「夜霧」などの表現があります。「川霧」は川に立ち込める霧、「山霧」は山で見られる霧です。「狭霧」は「さぎり」と読み、「さ」は接頭語なので、「霧」と同じ意味です。気温が氷点下になると樹木についた水滴は氷になります。それを「霧氷」といいます。

霧スポットとして知られる、群馬県と長野県にまたがる渋峠。

なぜ雨冠に務と書いて霧なの?

A 雲から水滴が滴り落ちる様子と、
「覆う」という意味の音「ム」からきています。

意味を表す漢字「雨」と音を表す漢字「務」を組み合わせた形声文字です。雨が「空と水滴」を表し、「務」の「ム」という音の部分が「おおう」という意味を持つため、「辺りを覆う水」となり、霧という漢字が成り立ちました。

 「霧」と「靄」の違いは何?

A 視界を基準にした濃さです。

日本での分類では、視程(肉眼での見通し)が1km未満が霧、1km以上10km未満が靄と呼ばれます。ただし、靄は気象用語ではないため、靄が発生した後、視界が1km未満になった時点で「霧が発生した」と伝えられます。ちなみに「露」は、冷えた水蒸気が水滴となって草や木についたもので、秋の季語です。

 秋の長雨のことを表す季語はある?

A 秋に降り続く雨のことを
「秋霖」と表します。

秋霖は秋の初めにじとじとと降り続く雨。春の長雨に比べて、寂しい印象がある言葉です。

秋霖で濡れるベンチ。秋の長雨で濡れた落ち葉はやがて腐って土に返り、次の春に芽吹く植物の養分となります。

霧雨と小糠雨はどう違う? 〜降り方で変わる雨の表現〜

日本には天候を表す言葉が豊富で、雨に関しても昔からさまざまな表現があります。霧雨と同様に、細かい雨のことを「小糠雨」といいます。雨粒が米ぬかのように細かいためで、季節を問わず使われます。逆に、大粒で降る雨は「土砂降り」。雨の勢いが激しくどしゃどしゃ降るためです。「篠突く雨」も、細い篠竹を束ねたものが落ちてくるように激しく降る雨のこと。普段使う表現を、土砂降りから篠突く雨に変えてみると、語彙が広がりそうです。

Q

<ruby>星<rt>ほし</rt>月<rt>づき</rt>夜<rt>よ</rt></ruby>ってどういう意味？

北アルプス南部に位置する乗鞍高原から
見た星月夜。登山やスキーを楽しむため
に、1年中観光客が訪れます。

A
晴れて星の光が月のように
明るい夜のことです。

秋の空で主役として輝くのは、美しい月だけではない。

星月夜
ほしづきよ

秋は、十三夜、十五夜、十六夜と、
スッキリとした空に光る名月を愛でる季節として知られていますが、
「星月夜」は、星に目を向けた言葉です。
星月夜は「ほしづきよ」「ほしづくよ」と読み、
星の光で、月夜のように明るく感じられる夜のことです。
晴れた空を思い描くと、月も出ているようなイメージを持ちがちですが、
星月夜と表現されるのは、月が出ていない時。たとえば、新月の日です。
月がなくても、星が輝いていて美しい夜——、
夜空を見上げる時に、意識してみたいものです。

大和言葉に星座を表す言葉はある？

A 「鼓星」という言葉があります。
つづみぼし

オリオン座の中央の3つの星を、その周りの明るい4つの星と結んで、楽器の鼓に見立て呼んだ「鼓星」はよく知られています。大和言葉の星の呼び名は、地域によってさまざまですが、カシオペア座の「W」を船の碇（いかり）に見立てて「碇星」と呼ぶ地域もあります。

山梨県と長野県の境界にある金峰山。
初心者にも登りやすい山で、見上げる
夜空はとてもキレイです。

② ゴッホの『星月夜』も関係ある?

A 星が輝く夜を描いた作品です。

邦題で『星月夜』と付けられたゴッホの作品は、1889年に描かれたもので、原題はフランス語で『La nuit étoilée』、オランダ語で『De sterrennacht』で、どちらも「星空の夜」の意味です。ニューヨーク近代美術館の永久コレクションにもなっています。大和言葉の「星月夜」は月のない夜ですが、ゴッホの『星月夜』には月が描かれています。

『星月夜』は、ゴッホがフランスにある精神病院で療養している時に、部屋の窓から見える景色からインスピレーションを受けて描かれたといわれています。

③ 七夕ってどの季節の季語なの?

A 七夕や七夕に関する言葉は秋の季語です。

現代では、新暦の7月7日に行われる地域が多いですが、本来の七夕は、旧暦では初秋にあたるため、秋の季語です。

日本全国で見られる七夕飾り。笹に願い事を書いた短冊を飾ります。

七夕

五節句のひとつで、「星祭」とも言われ、「織姫と彦星が1年に一度、天の川を渡って再会する」というエピソードが有名です。もともと七夕は、旧暦の7月7日の夜のことです。現代では、新暦の7月7日で考えられることが多く、仙台七夕まつりのように8月7日に行うこともあります。「七夕」「星祭」、七夕飾りをつけた笹竹の「七夕竹」、七夕の笹に吊るしたり飾ったりすることもある「真菰馬(まこもうま/七夕馬)」も秋の季語となっています。

中国では乾燥させた菊を茶葉に混
ぜた菊茶を飲みますが、日本の菊
酒は生花でつくります。

長寿を願って酌み交わす
重陽の節句を祝う酒。

菊酒
(きくざけ)

「菊酒」は、五節句のひとつ、重陽の節句で長寿を願って飲む、
菊の花を浮かべた酒のことです。
重陽の節句は、旧暦の9月9日。
菊の季節であることから、菊の節句と呼ばれます。
古代中国の陰陽五行説では、「9」は陽の数字で、
9月9日はそれが重なることから「重九」ともいわれます。
さらに「9」は陽の数字の中でも最上位で、
とてもおめでたい日とされ、祝い事をする日になりました。
かつては、宮中の年間行事として菊の宴が催され、
江戸時代には武家だけではなく民間でもお祝いをしましたが、
明治以降は、廃れていってしまいました。

① 五節句に含まれる5つの節句って何？

A 「人日」「上巳」「端午」「七夕」「重陽」の5つです。
(じんじつ)(じょうし)(たんご)(しちせき)(ちょうよう)

節句は陰陽五行説を由来とし、日本で年中行事を行う季節の節目となった日です。五節句の人日は1月7日の七
草の節句で、七草粥を食べます。上巳は3月3日の桃の節句、端午は5月5日の菖蒲の節句、七夕は7月7日、
そして重陽は9月9日の菊の節句です。

② 菊は、どのようにして広まったの？

A 江戸時代に
観賞用に広く栽培されました。

桜と並んで日本を代表する花となった菊は、古くは奈良
時代に中国から渡来したとされます。江戸時代に改良
が進み、多種多様の品種が育成されました。菊人形の
細工も有名です。

鑑賞菊。秋に全国各地で菊の
展覧会が開催されます。

石川県金沢市の兼六園。岡山市の後楽園と
水戸市の偕楽園と並ぶ、日本三名園のひと
つです。

秋の終わりの風物詩、
雪への心の準備に重なります。

雪吊り
（ゆきづり）

東北地方や北陸地方など、雪が多く降る地方では、
晩秋、雪が降る前に、
庭木などが雪の重みで折れないように準備を行います。
それが「雪吊り」です。
対象となる樹木の近くに柱を立て、柱の先端から各枝に縄を張って
枝を吊っておくのが一般的な方法で、「りんご吊り」と呼びます。
他にも、その地に合った枝折れを防ぐ方法で、雪吊りが行われ、
風景としても、人々を楽しませてきました。
「雪吊り」は冬の季語で、春になって雪吊りを取り外す「雪吊り解く」は春の季語。
冬に備える緊張感と、春を迎えた喜びが、両方の言葉から伝わってきます。

 現在も雪吊りが見られるところはある?

A 石川県金沢市の兼六園が有名です。

兼六園では、例年、11月から12月中旬まで雪吊り作業が行われ、3月に取り外します。晩秋の風物詩ともなっ
ている雪吊りも、現在では作業できる職人が減ってしまっているようです。

② 「雪吊り」を使った俳句を教えて。

A 雪吊りの 松を真中に 庭広し

これは高浜虚子の句です。雪で枝が折れることを防ぐと
いう実用的な技術ではありますが、四季の庭の景観とし
て味わい深く感じられます。

神奈川県鎌倉市にある寿福寺。約50年間
鎌倉で過ごした高浜虚子は、ここで眠って
います。

人となりを表す大和言葉

性格や生き方など、人となりを表す大和言葉です。

粋

江戸時代の町民に根付いた美意識のこと。
心意気や身なり、振る舞いが洗練されて
いてあか抜けた都会人に対して使います。東
京スカイツリーのイルミネーションの名前
にもなっています。

益荒男
ますらお

勇気があって、強くて堂々とした男性に対して使
います。『万葉集』では武士のことを指します。

やんごとない

「貴い」よりも深い敬意を表す大和言葉。皇族に対して「やんごとなきお方」などと使います。

手弱女 たおやめ

か弱いところから、優美な雰囲気の女性のこと。「益荒男」の対になる言葉です。

紅葉した葉も木枯らしに吹かれて
散っていきます。童謡の「たきび」
では、木枯らしが吹く寒い道で落
ち葉焚きをしている様子が歌われ
ています。

冬の訪れを告げる強風、
毎年「1号」が発表されます。

木枯らし

「木枯らし」は、秋の終わりから冬の初めに、
太平洋側の地域で吹く強い季節風のことです。
木の葉を落とし、木を枯らしてしまうほどの強風であることから
「木枯らし」と呼ばれます。
気象庁では、10月半ばから11月末までの間に、
風速8メートル以上の北よりの風が初めて吹くと、
「木枯らし1号」として関東地方と近畿地方でのみ発表しています。
同様に冷たい強風を表す言葉に「空っ風」がありますが、
こちらは寒候期(10月～3月)に、
山を越えて来た冷たく乾燥した風のことをいいます。

Q 1 「凩」と「木枯らし」は別のもの?

A 同じです。表している漢字が違うだけです。

「凩」は国字です。国字というのは、中国以外の国で独自に作られた漢字で、いわゆる和製漢字のことをいいます。

Q 2 他にも強い風を表す表現はない?

A 「嵐」は、山から吹き下ろす局地的な強風のことです。

「六甲おろし」や「筑波おろし」「赤城おろし」などが有名です。群馬県の名物ともいわれる「上州の空っ風」は赤城山から吹き下ろす「赤城おろし」のことです。

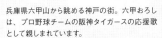
兵庫県六甲山から眺める神戸の街。六甲おろし
は、プロ野球チームの阪神タイガースの応援歌
として親しまれています。

Q

冬の暖かい日のことを
表す大和言葉は?

猫がよく寝るというイメージは、主に人間
が活動する時間には寝ていて、夕暮れや
早朝など薄暗い時間帯に活動する「薄明
薄暮性（はくめいはくぼせい）」の動物であ
ることが由来だと考えられています。

A
「小春日和」です。

春なのに春ではない、
多くの人が季節を間違います。

小春日和
こ
はる
び
より

「小春日和」は、晩秋から初冬にかけての、
暖かく穏やかな晴天のことをいいます。
小春は、陰暦の10月の別名で、
現在の暦では11月から12月上旬にあたります。
本格的な冬を前にしたこの頃、移動性高気圧に覆われ、
穏やかな天気が続くことから「小春日和」と呼ばれるようになりました。
季節としては秋から冬、
俳句の季語としては冬なのですが、「春」という文字が入っているためか、
春先の穏やかな天気に対して使っている人が多いという統計もあります。
正しく適切な場面で使うと、株が上がりそうです。

Q 旧暦の10月の異名は他にもある？

A 「小六月」がそうです。
こ ろくがつ

小春も「小六月」もともに、旧暦の10月の異名であることから、小春日和と同様の意味で使われます。
また、単に「小春」や「小春日」でも「小春日和」と同じ意味を表すことができます。

冬に、等圧線がたてじま模様の西高
東低の冬型のときに、日本の太平洋
側は晴れの日が多くなります。

「小春」が付く大和言葉は他にもあるの？

A 「小春空」「小春風」「小春凪（なぎ）」などがあります。

どれも「小春日和」と同じく、陰暦10月頃の空模様や風の様子を表す言葉です。

 「〇〇日和」という表現をもっと教えて。

A 穏やかな秋晴れを表す「秋日和」などがあります。

日和は、天候・天気・空模様の意味ですが、天候や天気に比べて堅苦しさのない言葉です。「〇〇日和」の表現では、「菊日和」も秋日和と同様に、菊の花の咲く頃の秋の穏やかな晴天を表します。「にわか日和」は、降っていた雨が急にやんで晴れることを表し、「狐日和」は雨が降ったり照ったりと変わりやすい天気のことを表します。「雪日和」や「霜日和」なども使われます。

「日和」には「あることをするのに都合の良い天候」という意味もあります。「今日はサッカー日和だな」などのように、日常でも自由に使える言葉です。

「④」海外にも同じような表現はある？

A 同じような気候に呼び名がある国もあります。

地域によって、時期が若干ずれますが、小春日和にあたる気候を、アメリカやイギリスでは「インディアン・サマー」、ロシアでは「バービエ・レータ（婦人の夏）」と呼んでいます。

京都市の観光地、嵐山にある竹林
の小径では、道の両脇に虎落が設
置されています。

ひゅーひゅーと吹き付ける
聞くだけで寒くなる冬の音。

虎落笛
（もがりぶえ）

「虎落笛」は、冬の強い風が、柵や竹垣、電線などに吹きつけて発する、
「ひゅーひゅー」という笛のような音のことをいいます。
「虎落」は、基本的に竹を組み合わせて縄で結んだ柵や垣根のこと。
竹や丸太を結んで並べて城郭を防御する防護柵（矢来）や、
紺屋で使っていた物干しのことを「虎落」と呼びます。
「虎落笛」は、物理的には、障害物の背後に多くの空気の渦が
発生することによって起こる音のようです。
寒さとともに、寂しさも感じさせる言葉で、
コートの襟を立てて、足早に家路を急ぎたくなる音でもあります。

① 「虎落笛」は冬の季語？

A そうです。俳句にも使われます。

虎落笛子供遊べる声消えて　　高浜虚子

一汁一菜垣根が奏づ虎落笛　　中村草田男

一汁一菜は、ご飯以外に汁一品、菜（惣菜）一品だけの食事。元々は質素な食事の意味です。

② 冬の風に関する言葉をもっと教えて。

A 日本海沿岸に北西から吹く暴風を「たま風」といいます。

「たま風」は「たばかぜ」ともいい、東北・
北陸地方の日本海側で吹きます。東日
本の太平洋側では北よりの突風を「べっと
う」、西日本では北から吹く強い風を「乾風
（からかぜ、あなじ）」といいます。

多くの人が持つ冬の日本海の
荒れたイメージは、冬型の気
圧配置の時に起こる高波の影
響です。

Q

「風花」の「花」って何？

晴天の空から雪が降ってくることを風花と
いいます。寒さが厳しく、季節風が吹く時
に起こりやすい現象です。

A
雪のことです。

青い空にひらひらと舞う
冬の桜を見上げて楽しむ。

風花
かざ
はな

「風花」は、晴天の冬の空から降ってくる雪を、
桜の花びらにたとえた表現です。
遠くの風上から風に乗ってくる雪です。降雪地から
風下側に落ちてくることもあり、空っ風が吹くことで知られる
群馬県や静岡県などでよく見られます。
押し寄せてくる寒気とともに運ばれてくる花びらを
桜に見立てて楽しむ、味わいのある言葉で、
映画や小説のタイトルにもなっています。
細かく降る雪としては「細雪」を思い出す方もいるかもしれませんが、
「細雪」はその場で降る雪で、
粉のようにさらさらと降る細かい雪の「粉雪」と同じです。
雪の呼び名がたくさんあるのも、寒い冬をも四季のひとつとして
大いに楽しんできた日本人だからこそといえます。

北海道の美瑛町。冬には霧氷や
ダイヤモンドダストを見ることが
できます。

Q1 雪を花に見立てた呼び方は「風花」の他にもある？

A 「六つの花」をはじめ、いくつもあります。

雪が六角形の結晶であることから、「六つの花」と呼ばれます。「銀花」、また、天上界に咲く、霊妙で美しい花を呼ぶ「天花（てんげ／てんけ）」も、雪の別称となっています。

Q2 「風花」を使った句を教えて。

A 日ねもすの風花淋しからざるや

高浜虚子の『五百五十句』に収められている句です。「一日中、風花が降っているのは、思ったより寂しくない」と歌っています。

Q3 「細雪」って「さざめゆき」、それとも「ささめゆき」？

A 谷崎潤一郎の『細雪（ささめゆき）』が有名になって、読み方が決まりました。

1943（昭和18）年に連載が始まり、途中で軍部により発禁とされながら、戦後になって完成した作品。大阪・船場の旧家を舞台に、四人姉妹の生き様を描いています。「細雪」という漢字は、元々、「さざめゆき」とも読まれていましたが、この小説が「ささめゆき」として有名になったことで、それ以降、「ささめゆき」で定着しました。

★COLUMN★

豊かな「雪」の表現

「風花」や「細雪」以外にも、和の言葉には雪の表現がたくさんあります。

★淡雪…春先に降る、泡のように柔らかく消えやすい雪。泡雪とも書きます。春の季語。（34ページ）
★垂れ雪…「しずりゆき」と読み、屋根や軒、木の枝から落ちる雪、または落ちた雪。「垂（た）れ」ともいいます。冬の季語。
★斑雪…「はだれゆき」「はだらゆき」と読み、斑に降り積もった雪や斑に消え残った雪、さらに、はらはらと斑に降る雪のこと。春の季語。
★雪の果…「ゆきのはて」と読み、涅槃会（ねはんえ／旧暦の2月15日）前後に降る、その年の最後の雪のこと。名残の雪、忘れ雪、涅槃雪ともいいます。春の季語。

「松は千歳を契り、竹は万代を契る」ということわざがあり、神の宿る場所が永遠に続くことを願って、松と竹を組み合わせて門松を作ります。

関東と関西では異なる、
新春のお祝いの一区切り。

松の内（まつのうち）

正月に門松を立てる個人宅は、減ってしまいましたが、
「松の内」は、門松を立てている期間のこと。
関東では元日から1月7日、関西では1月15日までをいいます。
元日に御節料理を食べ、お屠蘇を飲んで祝い、
初詣は松の内までに出かければ大丈夫ということになっています。
松の内を過ぎることを「松過ぎ」といいますが、
松の内の終わりの1月7日に「七草粥」を食べ、松過ぎ後も、
15日の「小正月」を祝うなど、正月行事は続きます。
1872（明治5）年まで、日本では旧暦を使っていたので、
立春も1月の行事。まさに新春の喜びが詰まった時期でした。

1 御節料理やお屠蘇には、どういう意味があるの？

A 年の初めに、縁起を担いだり、長寿を願ったりします。

御節料理は、元々、縁起の良い食べ物を重箱に詰め、正月だけでなく、節日を祝う料理でしたが、今では、いろいろな料理を詰めたごちそうになりました。お屠蘇は、一年の邪気を払い、長寿を願って、薬草を調合して入れた袋（屠蘇散）を酒や味醂に浸したものを飲み交わす儀式です。

黒豆には「邪気払い」と「マメに勤勉に物事に励む」、伊達巻きには「知恵」、エビには「長寿」など、それぞれの料理におめでたい意味やいわれがあります。

2 「小正月」って何？

A 本来の「松の内」最終日です。

旧暦を使っていた時代、元日が公的な「大正月」で、15日は家庭で私的に行う「小正月」を意味し、本来はこの日までが門松を飾る松の内でした。

ムラサキシジミのように成虫の
状態で越す種もいますが、実際
は幼虫の状態で越冬する蝶が多
いといいます。

イメージしただけで辛くなる……
消えかけた命に目を向ける言葉。

凍（いて）蝶（ちょう）

二十四節気のひとつ、小寒（1月6日頃）から
立春（2月4日頃）までを「寒」といいます。
小寒を寒の入り、立春を寒の明けと呼び、寒さを耐える期間になります。
もちろん、寒いのは人間ばかりではありません。
「凍蝶」は、冬まで生き延びて、
寒さのためにほとんど動かなくなってしまった蝶のことです。
動詞「凍つ」は、凍ること・凍て付くことです。
ふらふらと飛び立つか、そのまま死に絶えるのか……。
季節が違えば、ひらひらと華麗に飛ぶ蝶だからこそ、
「もののあわれ」が凝縮されているようにも感じる言葉です。

Q1 蝶以外の虫にも、 冬の姿を表す言葉はある?

A 「凍蜂（いてばち）」や「凍蝿（いてばえ）」なども冬の季語になっています。

春の季語である「蜂」や「蝿」は、「冬の蜂（凍蜂）」「冬の蝿（凍蝿）」として冬の季語になっています。
秋の虫が冬まで生き残って細い声で鳴く様子を表す冬の季語は「残る虫」。「冬の蚊」は、冬まで生き残って、暖
かい日に出てくる蚊のことで、しぶとさも感じます。

Q2 「寒」の中でも いちばん寒い時期は何ていうの?

A 大寒です。

今の暦で1月20日頃から、立春までの間が「大
寒」で、1年で最も寒い時期といわれます。昔から、
豆腐を凍らせてつくる凍み豆腐（しみどうふ／高
野豆腐）など、寒さを利用した食品の製造には欠
かせない時期です。

吹雪く福島県耶麻郡磐梯町の山あい。
磐梯山にはスキー場もあり、厳しい冬
でもレジャーが楽しめます。

在原業平の句に登場する鳥は、ミヤコドリではない！？

都鳥（みやこどり）

なにしおは いざ言問（ことと）はむ都鳥 わが思ふ人は在りや無しやと
在原業平の作とされる有名なこの一句で知られる都鳥。
『伊勢物語』でこの句が登場するのは、
隅田川を渡し船で渡る場面です。
当時、隅田川に棲息するユリカモメを都鳥と呼んでいたようです。
ちなみに、東京・お台場などを走る「新交通ゆりかもめ」は、
東京都の都鳥ならぬ「都民（とちょう）の鳥」が、
ユリカモメであることから名付けられました。

Q 都鳥という鳥は存在するの？

A ミヤコドリ科のミヤコドリがいます。

在原業平が見た都鳥はミヤコドリ科のミヤコドリではなく、ユリカモメとされ、カモメ科です。

ユリカモメは、赤いくちばしと脚が特徴的。名前の由来には入り江のカモメという意味のイリエカモメからユリカモメに転じたという説があります。

静まり返った山は、
春を待ちながら眠っています。

山眠る（やまねむる）

「山眠る」は、山を擬人化し、生気を失って、
静まり返っている冬の山の姿を表した言葉です。
中国の山水画家、郭熙（かくき）の画論『臥遊録（がゆうろく）』での
「冬山惨淡として眠るがごとく」が原典です。
低い山では秋に色とりどりだった葉が落ち、
高い山は雪や氷に閉ざされて静まり返ります。
本当に眠っているのか、はたまた春を心待ちにしているのか、
実は黙ったままで上から人間界を見て楽しんでいるのか、
山に聞いてみたくなる言葉です。

Q 郭熙の『臥遊録』についてもっと教えて。

A 春・夏・秋の山の季語の元にもなっています。

春の「山笑う」、夏の「山滴る」、秋の「山粧う」がそれです。明治時代以降、俳句で有名になりました。

新潟県にある守門岳。約240
万年前〜170万年前に活動した
火山です。

3月頃から日当りの良い草地などで咲きはじめるタンポポは、春を感じさせる花のひとつです。

「もうすぐそこ」をひと言で表す、ウキウキ感あふれる言葉です。

春隣
はるどなり

今日のように暖房設備が整っていない時代、誰もが待ち望む暖かな春。
「春隣」は、春がすぐ隣に来ていることを表す言葉です。
立春の前日、2月3日の「節分」に、豆をまいて鬼を追い払い、
柊鰯（ひいらぎいわし）を軒先に吊り下げ、梅の便りが聞こえてくれば、
春を待つ気持ちは否が応でも高まります。
そんな高揚感を感じさせてくれるのがこの言葉。
「あと何日したら」でも「気温が何度上がったら」でもなく、
「隣に来ている」という身近な表現が秀逸です。
ちなみに、柊鰯とは、棘があるヒイラギの葉に鰯の頭を刺したもの。
鰯の臭さとヒイラギの棘のおかげで、
鬼が家の中に入ってこないといわれています。

Q1 「隣」は、春以外の季節にも使うの？

A 他の季節でも使います。

「夏隣」「秋隣」「冬隣」という言葉もあります。「春隣」とは逆に、「冬隣」は冬の厳しさを感じて、冬支度を急かされる気持ちが含まれています。

Q2 春が近いことを表す言葉をもっと教えて。

A 「春近し」や「春便り」などがあります。

「春まぢか」や「春信（しゅんしん）」も、春が近いことを表します。「春信」は「春便り」と同様に、春の訪れや兆し、花が咲いたという便りを意味する言葉で、「花信（かしん）」ともいいます。

柊鰯。「焼嗅（やいかがし）」や「やっかがし」と呼ぶ地域もあります。

KOISHI

大和言葉の語源

大和言葉にも語源があります。
言葉の成り立ちを知ると、
より一層言葉への理解が深まるかもしれません。

AWARE

あわれ（あはれ）

感動した時に発する「ああ」という言葉があります。それと同様に昔の人は「あはれ」という感動詞を使っていました。平安貴族は、桜が散る様子や小鳥のさえずりなど、目や耳で感じて胸にしみ入る感動を「あはれ」と表現しました。

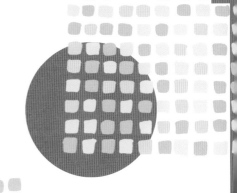

恋し

「乞ふ」と「恋ふ」が通じていると考えられています。相手を恋しいという思いは、その人に会いたいと求める気持ちです。日本語の「恋し」は「love」より「miss」に近い語感です。

ほのぼの

「ほの」とは「ほの暗い」や「ほの白い」などのように「少し」という意味を持つ接頭語です。「ほのか」「ほんのり」など、派生語として同じように「少し」の意味を持つ言葉があります。その「ほの」を重ねたのが「ほのぼの」。少しずつ日が明けていく時のような暖かみ、明るさを醸し出す語です。

頑張る

もともとは、見張るという意味で「眼張」と書きました。そこから一定の場所から動かずに忍耐・努力し続けるという意味に変化し、今の意味に転じたとか。「我に張る」からとの説も。

ARUKU

歩く

昔は「ありく」と読み、目的を決めずにうろうろするという意味でした。「探し歩く」「街歩き」などはその名残のある言葉といえるでしょう。

Q

古典で有名な
大和言葉を教えて。

A
『枕草子』の冒頭に出てくる
「あけぼの」はどうでしょう。

山梨県精進湖（しょうじこ）の明け方。湖畔の他
手合浜（たてごはま）から富士山を眺めると、富士
山が手前にある小さな山（大室山）を抱いているよ
うに見えることから「子抱き富士」と呼ばれます。

「あけぼの」って何時頃？
朝の時間帯の呼び名は豊富です。

あけぼの

「春はあけぼの。やうやうしろくなりゆく山ぎは、
少しあかりて、紫だちたる雲の細くたなびきたる」
あまりにも有名な清少納言の『枕草子』の件です。
「春はあけぼのがよい」と言っている「あけぼの」は、
ほのぼのと夜が明け始める頃を指します。
朝の時間帯を指す言葉は他にも、「暁」「朝ぼらけ」などがあります。
「暁」は元々、「未明」を表す語でした。
あけぼのと同じような時間帯、夜が明けようとして、
東の空がわずかに明るくなる頃を表す「東雲」という言葉もあり、
夜が明けることに関わる言葉は豊富です。

Q 『枕草子』は、「春はあけぼの」の後、
何が良いといっているの？

A 山の稜線のあたりの景色が良いといっています。

現代語訳だと「春はあけぼのが良い。だんだんと白くなっていく空の山の稜線に接するあたりが少し明るくなって、
紫がかっている雲が細くたなびいている（景色が良い）」ということ。「春はあけぼの」で春の季語にもなっています。

雲海は、山などの高い場所から
見下ろす雲を海にたとえた言葉。
夜明け前から早朝が雲海観察に
適した時間です。

「あけぼの」の語源は何？

A 夜がほのぼのと明ける様子です。

「あけ」と「ほの（ぼの）」が合わさった言葉です。「ほのぼの」には「少し」という意味があり、夜が少しずつ明けて、空がだんだんと明るくなってくる状態を表す「あけぼの」になりました。

 「朝ぼらけ」や「暁」はどういう意味？

A ぼんやりと明るくなってきた頃のことです。

「朝ぼらけ」は元々、「朝おぼろ明け」で、あたりがほのぼのと明るくなりかける頃のことをいいます。「暁」は、未明から、夜明けが近付いて空が明るくなり始めた時のことです。

 「東雲」は、なぜ東の雲と書くの？
（しののめ）

A 漢字の「東雲」は当て字です。

「東雲」の語源は、古代の住居に明り取りのために付けられた「篠の目」と言われています。篠竹で編んだもので、編み目が明り取りとなります。篠竹の目が明るくなることが転じて、夜明けの薄明かりや明け方を「しののめ」と呼ぶようになり、明け方を象徴する「東雲」の字が当てられたとされています。

★COLUMN★

時間に関わる和の言葉

江戸時代は、1日をおよそ2時間ずつの12に分ける「十二時辰（じゅうにじしん）」を使用していました。この時法ではそれぞれの時刻に十二支の名が当てられ、また、その時刻に鐘を鳴らす回数も、時刻の名になっていました。和の言葉の中には、そんな昔の時刻にちなんだものも残っています。「暮六つ」というと、夕刻の六つ時。現在の午後6時頃です。「明六つ」と「暮六つ」が朝と晩の基準となっていました。「草木も眠る丑三つ時」とは、現在の午前2時過ぎ。人も動植物も眠っていて、気味が悪いほど、ひっそりと静まり返った真夜中を表しています。

十二時辰の一覧

十二支	名	初刻	正刻	終	正刻の鐘
子の刻	夜半	23時	0時	1時	夜九つ
丑の刻	鶏鳴	1時	2時	3時	夜八つ
寅の刻	平旦	3時	4時	5時	暁七つ
卯の刻	日出	5時	6時	7時	明六つ
辰の刻	食時	7時	8時	9時	朝五つ
巳の刻	隅中	9時	10時	11時	昼四つ
午の刻	日中	11時	12時	13時	昼九つ
未の刻	日昳	13時	14時	15時	昼八つ
申の刻	晡時	15時	16時	17時	夕七つ
酉の刻	日入	17時	18時	19時	暮六つ
戌の刻	黄昏	19時	20時	21時	宵五つ
亥の刻	人定	21時	22時	23時	夜四つ

※初刻、正刻、終の時刻表記は定時法での24時間記法のもの。

佐賀県太良町にある海中鳥居。有明
海の干満差が目に見えて楽しめます。
有明海の「有明」も、夜明けが美しく
見えることから名付けられたという説
があります。

夜が明けても残る月に、
それぞれの思いを乗せて味わう。

有明（ありあけ）

月といえば、まず、中秋の名月のように、
夜空で輝く澄んだ月を思い出しますが、
「有明の月」は、夜が明けても、空に残っている月のこと。
「有明月」、「有明月夜」、単に「有明」ともいいます。
旧暦は、月の満ち欠けを元にしているので、
毎月15日は必ず満月になります。
月と地球、そして太陽の位置関係から、満月を過ぎ、16日以降の月は、
下弦の月を過ぎ、新月になるまでが有明の月ということになります。
有明の月は月の出が遅く、明るくなっても出ているので、
なかなか来ない人にたとえられたり、恋人の元から帰る男が、
感慨を込めて見上げたりと、趣深い月とされています。

Q 有明行灯（ありあけあんどん）って何？

A 夜通し灯しておく行灯です。

行灯は昔の照明具で、木や竹の枠に紙を張ったものの中に、油皿を入れて火を灯します。有明行灯は、江戸時代、枕元に置いた座敷行灯の一種で、手提げ装置が付いています。

京都では、観光用に今でも街路に
行灯を灯している場所もあります。

Q 「有明の月」を使った俳句はある？

A 榎本其角（えのもときかく）の句があります。

有明の月になりけり母の影

榎本其角は、芭蕉門下の優れた俳人10人（蕉門の十哲）に数えられています。

Q

読み方が難しい
大和言葉といえば？

A
「十六夜」などが
あります。

秋の月と叢雲。

秋の月を愛でる日本人が好きな ためらいながら出る月。

十六夜（いざよい）

「十六夜」は、旧暦の8月15日に出る月、
十五夜の次の日に出る月です。
満月を過ぎると月の出が少しずつ遅くなるため、
「いざよい」の名がついたとされています。
「いざよい」は、停滞する・躊躇する・ためらうなどの意味をもつ動詞で、
「いざよう」の名詞形です。
なかなか出てこない月を「ぐずぐずためらっている」と擬人化したわけです。
出る日にちに、意味を当てているので、読み方が難しいのは当然かもしれません。
十六夜の後はというと、8月17日の月は「立待月（たちまちづき）」、18日は「居待月（いまちづき）」、
19日は「寝待月（ねまちづき）（臥待月（ふしまちづき））」といいます。
このような表現以外にも、
「弓張月（ゆみはりづき）」など、月の形状で名付けられた名称もあり、
月への関心の高さが言葉の豊富さに表れています。

奈良県の薬師寺。国宝の東塔が
有名で、天武天皇が開祖です。
十六夜のころは盂蘭盆会（うら
ぼんえ）の時期になります。

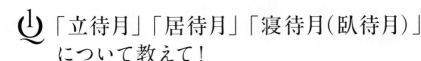

Q1 「立待月」「居待月」「寝待月（臥待月）」について教えて！

A 月を待つ体勢で名付けられています。

「十五夜」から少しずつ出るのが遅くなる月を、2日後の17日の「立待月」は立って待ち、18日の「居待月」は座って待ち、「寝待月（臥待月）」は寝て待つと名付けています。

Q2 「弓張月」ってどんな月？

A 「上弦の月」または「下弦の月」のことです。

弓に弦を張った形に似ていることから、上弦・下弦の月のことを「弓張月」といいます。月の満ち欠けに対応した、天文学的な月の名称には「朔（さく）・上弦・望・下弦」があります（コラム参照）。

Q3 『十六夜日記』は十六夜と関係ある？

A 日記紀行の出発の日が十六夜だったことが書名になっています。

『十六夜日記』は鎌倉時代後期の紀行で、阿仏尼（あぶつに）の作品。『伊勢物語』など古典の影響が顕著で、母性愛あふれる日記紀行として有名です。その出発が10月16日だったところから書名が付けられています。

月の満ち欠けに関わる名称

朔、上弦、望、下弦と姿を変える間にも、月齢に沿って名称が付けられています。

★朔…地球から見て、月と太陽が同じ方向となり、月からの光が届かず、見えにくい月。新月に同じ。

★上弦の月・下弦の月…どちらも半月で、朔から最初の半月が上弦の月または上弦月。望月を過ぎ、次に半月となるのが下弦の月。

★望…満月のこと。

月相	およその月齢	月の出数	主な名称
0・朔	0	1	新月
1	1	2	二日月、既朔
2	2	3	三日月
7・上弦	7.5	7	半月、七日月、弓張月
12	12	13	十三日月、十三夜月
13	13	14	十四日月、小望月、幾望、待宵の月
14・望	14	15	十五日月、十五夜、望月、満月
15	15	16	十六夜、十六日月、既望
16	16	17	十七日月、立待月
17	17	18	十八日月、居待月
18	18	19	十九日月、寝待月、臥待月
19	19	20	二十日月、更待月
21・下弦	22.5	23	半月、二十三日月、弓張月

岐阜県の白川郷。観光客も合掌
造りに宿泊することができます。
景観を損なわないように、街灯
は少なめなので自然のままに夜
の帳を感じることができます。

良いことも悪いことも隠してくれる 大人の世界を感じる言葉。

夜の帳（よるのとばり）

歌の歌詞やナレーションなどで、
「夜の帳が下りる」という表現を聞いたことがあっても、
正確な意味をご存知の方は少ないかもしれません。
「帳」とは長い垂れ幕、部屋の仕切りや外部との境などに垂らして、
区切りや目隠しに使う布帛（ふはく／織物）のことです。
平安時代の寝殿造りの住宅において、寝室などを設けるために、
四隅に柱を立てて帳を垂らす調度、「帳台」のことも帳といいます。
そこで、覆い隠すもの、遮って見えないようにするものを
たとえて帳といい、「夜の帳」は、夜の闇を帳に見立てた表現です。
電気で明るい夜の街などなかった昔、真の暗闇が帳となったのでしょう。

① 「夜の帳」という言葉は どのように使うの？

A 「夜の帳が落ち」という 表現があります。

他にも「夜の帳に包まれる」などの表現もありま
す。単に夜になって暗くなるというだけではない
時間の経過と趣が感じられます。

蚊よけの蚊帳（かや）も帳の一種です。

② 夜に関する言葉を他にも教えて。

A 「夜もすがら」などがあります。

「夜もすがら」の「すがら」は「…の間ずっと」の意味で、漢字で書くと「夜終」。夜通しの意味です。「夜（よ）っぴて」
も一晩中の意味。「オールした」と言う代わりに、これらの言葉を使ってみるのも一興です。

Q

名詞から動詞に転じた
大和言葉は?

A

「黄昏（たそがれ）」は、
「黄昏れる」という
動詞にもなっています。

雨上がりの東京の景色。
黄昏時の美しい空の色は、
夕焼けの名残によるもの
です。

「そこにいるのは誰？」
問いかけの台詞が言葉になりました。

黄昏（たそがれ）

「事故る」や「告（白）る」のように、名詞の動詞化は、
みだれた言葉遣いのように思えますが、実は昔からこういった変化はあるのです。
名詞の「黄昏」は、日が暮れかかった薄暗い時や夕暮れ、
さらに人生の盛りを過ぎた時を表し、
「黄昏れる」と動詞として使われるようになった言葉です。
動詞としては、「夕方になる」や「人生の盛りを過ぎる」という意味。
近年ではそういった哀感にひたって物思いに耽るという意味で
使う例をよく見ますが、本来は誤用でした。
「黄昏」および「黄昏時」は、夕暮れ時で薄暗くなり、
人の見分けがつきにくくなった時に言う
「誰（た）そ彼（かれ）」が元になっています。

Q 時を表す以外の意味はあるの？

A 比喩としても使われます。

最盛期は過ぎたが、まだ力が余っていて、滅ぶにはまだ早い状態を黄昏と表現します。

北海道の美瑛にある景勝地、親子の木。3本の木が親子3人に見えることから名付けられました。青空の下だけでなく、夕暮れ時も美しい場所です。

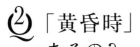

②「黄昏時」と対になっている言葉はあるの？

A 「かわたれどき（彼は誰時）」です。

夕方の薄暗くなった時を「黄昏時」、夜明け前の薄暗い時を「かわたれどき（彼は誰時）」といいます。
「かわたれどき」の方は、「彼は誰?」と尋ねる言葉が元になっています。ただし、本来は、両方とも、夜明け前・
夕暮れのどちらの薄闇に対しても、区別せずに使ったといわれます。

③「黄昏」が出てくる有名な文学作品はある？

A 紫式部の『源氏物語』に出てきます。

「夕顔」の巻で、光源氏が夕顔に贈った歌の中にあります。
寄りてこそそれかとも見めたそかれにほのぼの見つる花の夕顔

④ 時間を表す「黄昏」について教えて。

A 江戸時代に用いられていた時法で使われた名前です。

かつては、1日を12に分けて時間を表現し、それぞれに名前が付いていました（129ページ）。「黄昏」は「こうこん」
と読み、戌の刻（19時から21時くらい）を表します。

★COLUMN★

夕刻に関連する大和言葉

★逢魔が時（おうまがとき）…夕方の薄暗くなる時間帯。元々は「大禍時」と書き、魑魅魍魎（ちみもうりょう）に出会う不吉な（禍々しい）時とされています。

★暮れなずむ…日が暮れそうで、なかなか暮れない様子。「なずむ」は「泥む」で、進行が妨げられること、滞ることです。

★夕間暮れ…夕方の薄暗い頃。「まぐれ」は「目暗」の意味で、見えなくなることを表します。

★火点し頃（ひともしごろ）…日が暮れて、明かりを灯す頃。夕方。

紅葉した葉に初雪が積もる様子。
季節の境目に見られることがあり
ます。

季節の移ろいを擬人化で表現、
出会いと別れは風流を生みます。

行き逢（ゆ）（あ）い

「行き逢い・行き合い」は、動詞「行き逢う」が名詞化した言葉です。
元は、人と人が出会うことや出会う場所、
出会う時を意味していましたが、季節と季節の変わり目、
特に、夏から秋への境目を表すようになりました。
動詞の「行き逢う」には、「外出の途中で人に偶然出会う」、
「異なる方向から進んできたものが交差する・重なる」
という意味があり、季節を擬人化し、
夏さんと秋さんが行き逢う場面に置き換えたというわけです。
動詞の「行き逢う」は普通の会話でも使う言葉ですが、
「街で同級生に行き逢ったよ」と言えば、
嫌な出会いではなかったことが伝わってきます。
会話のバリエーションとして、覚えておくと良さそうな言葉です。

Q1 「行き逢い」って短歌に出てきそう。

A 『新古今和歌集』の「夏歌」の中に出てきます。

夏衣もかたへ涼しくなりぬなり夜や更けぬらむゆきあひの空

「夏衣の片側だけが涼しくなったようだ。夜が更けたのだろうか、夏と秋の境目の空よ」と歌っています。

Q2 「ゆきあい」を使った言葉を他にも教えて。

A 「行き合いの早稲」などがあります。

Q1の歌の中の「ゆきあひの空」は、夏から秋へと移り変わる空で、
他の季節の変わり目にも使います。「行き合いの早稲」は、夏
から秋に移り変わる頃の早稲、「行き合い兄弟」といえば、異母兄
弟、または、親の結婚により兄弟になった連れ子同士のことをいい
ます。

夏と秋の変わり目の頃には、稲穂
が実ってきてこうべを垂れるように
なった早稲の様子が見られます。

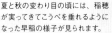

Q

縁起のいい
大和言葉はない?

A
「千歳」は
いかがでしょう。

秋田県にかほ市にある高さ5mほどの滝、
元滝伏流水。苔と清流の爽やかさが人気
です。永い年月を経て山に染み込んだ水
が、苔むした岩から流れ出ています。

社名や芸名に使われ、
長生きできる縁起の良い言葉です。

千歳（ちとせ）

「千歳」は、元々、「千年」の意味で、
単に1000年という意味ではなく、長い時間を表します。
「鶴は千年、亀は万年」という言い伝えがありますね。
実際の寿命は、タンチョウヅルで20〜30年、
カメも世界一で200歳程度ですが、寿命が長いことに間違いはなく、
長生きする生き物の代表として、長寿を祝う時に使われます。
全国の地名や会社名、個人名・芸名などに「千歳」が使われるのも、
縁起の良い言葉だからなのです。
七五三で食べる「千歳飴」は、子どもの長寿を願う飴で、
紅白の細く長い飴を、鶴亀や松竹梅など
縁起の良い絵が書かれた千歳飴袋に入れて持ちます。

 「千歳」のように、
縁起の良い和の言葉を教えて。

A 「弥栄（いやさか）」も縁起の良い言葉です。

「弥栄」はいよいよ栄えること。めでたい席で「弥栄をお祈りします」などと使い、「万歳」の代わりに、発せられたりします。「吉祥」も良い兆しという意味の縁起の良い言葉で、元来、幸福や繁栄を意味します。この上なくめでたいことを表す「吉上（きちじょう）」も同様の意味で使われます。

北海道の釧路市に隣接する鶴居村。タンチョウヅルがやってくることから名付けられました。鶴は長寿の象徴として古くから日本人に愛されています。

Q2 「千代」とはどう違うの?

A 同じく千年という意味です。

『君が代』の歌詞にも「千代に八千代に」というフレーズがありますが、「千年も、さらにいく千年も」と、永久の繁栄を祈る意味が込められています。

Q3 千や万など、 大和言葉の数字について知りたい!

A 古くは「万」より大きい単位は あまり使われていなかったようです。

漢語が入ってくる以前の日本では、1、2、3…は、「ひい、ふう、みい…」、または「ひとつ、ふたつ、みっつ…」と数えました。漢語が入ってくると、それに、「一、二、三…」の漢字を当てたといわれます。また、あまり大きな数は数えなかったとみられます。「八百万の神々」や「鶴は千年、亀は万年」のように、数字が使われる言葉や表現もありますが、百（もも）、千（ち）、万（よろず）も、「とにかくたくさん」という感覚で使っていました。

Q4 「千歳」は古典芸能にも出てくる?

A 能の有名な一曲 『翁』の登場人物です。

古くから伝わる『翁』に登場する千歳は、翁の露払いとして登場し、謡い舞います。

能など、日本の古典芸能には美しい大和言葉が見られます。

関西の桜餅。関東の桜餅と区別して、道明寺と呼ばれます。和菓子にも様々な由来や意味があるため、もっと知りたくなる「おくゆかしい」存在だといえます。

素敵で惹かれるからこそ、
あなたのことをもっと知りたい。

おくゆかし

現在、「奥ゆかしい」という言葉は主に女性に対して使われ、
上品で慎み深く、細やかな心配りができる人となりを表しますが、
元々は「もっと知りたい」という意味です。
元になる古語の「おくゆかし（奥床し）」の「ゆかし」は、
文法的には「行く」の未然形に、形容詞を表す「し」が付いた形で、
「心が惹かれ、そこに行ってみたい」の意。
全体で「奥に行きたい」の意味で、「心の奥を知りたい」、
「距離を縮めたい」と思うほど心が惹かれることを表しています。
同じく「ゆかしい」が入る「古式ゆかしい」は、
作法などが古来のしきたりに倣っていて、
昔のことがしのばれる様子を表しています。「古式豊か」は誤用です。

① 女性の美しさを表す大和言葉を
もっと知りたい。

A 「華のある」「あでやか」「緑の黒髪」
などはいかがでしょう。

「華のある」人は、その人がいるだけで場が明るくなったり、目を引
かれたりする人。「あでやか」はその人の持つ上品さにも、着てい
る衣装の豪華さにも使えます。美しい黒髪に対しては「緑の黒髪」
という表現で、艶のある、若々しい髪の様子を表すことができます。

京都の哲学の道を歩く女性。
緑の黒髪は和服に映えます。

② 人となりを褒める時に
使える言葉ってある？

A 「おおどか」や「竹を割ったような」などを使ってみましょう。

「おおどか」はおっとりとしている様子。おおよう、おおらかな意味もあるので、男女ともに使えます。「竹を割ったような」
は、実直でさっぱりとした気性のこと。竹は一直線に割れることに由来しているので、「竹を切ったよう」という表現
は誤りです。

神奈川県の真鶴岬。先端には、岩礁が続いており三ツ石海岸と呼ばれます。夫婦岩を繋ぐ綱はすこしたゆんでいます。

否定型で使われることの多い大和言葉もあります。

たゆむ

「たゆまぬ」は「たゆむ」の否定形です。
弛むは、糸やロープなど、張ったものがゆるむこと。
そこから、心の緊張がゆるんだり、だらけたり、
油断したりすることを意味します。
現在は、「たゆまぬ努力」や「倦まず弛まず」のように、
否定形で使われることがほとんどです。
同じような意味で、今もよく使う言葉に「たるむ」があります。
こちらは否定形だけではなく、「お前、たるんでいるぞ」など、
自由に使うことができます。
誰かに「たゆまぬ努力をした方がいい」と言う前に、
まず自分が意味を知っておくのが大切です。

Q1 お勧めや進言をする時に便利な表現はある?

A 「口幅ったい」などは便利です。

「口幅ったい」は、口の幅が広い、つまり、大口を叩くこと。「口幅ったいようですが…」は「身の程知らずに大きなことをいいますが…」という意味になります。相手に何か言われたことに反論する時は、「お言葉を返すようで恐縮ですが…」と言ってからだと柔らかくなります。

Q2 「たゆまぬ」は「努力」以外に、どんな言葉と組み合わせて使うの?

A 「研鑽」や「鍛錬」などと相性が良いです。

積み重ねることが必要な研鑽や鍛錬、精進、さらに、進歩などとともに使われます。

武道など、その道を究めるには
たゆまぬ鍛錬が必要です。

北海道の羅臼町を飛ぶワシ。世界
遺産の知床の一部で、貴重な野生
の生きものに出会えます。漂泊し
ながら渡っていく渡り鳥は「さすら
う」生きものです。

さすらいの旅人に憧れるのは、
目的も効率も追求しない生き方だから。

さすらう

あてもなく、定まった目的もなく歩き回ることで、
「さそらう」ともいいます。
漢字では「流離う」とも書き、流浪する、漂泊すると同様の意味です。
農耕を基本に生きてきた日本人にとって定住は当たり前でしたし、
現代でも、定職をもたずに旅から旅への暮らしをするには勇気が必要。
だからこそ、「さすらいの旅人」はかっこ良く見えてしまうのでしょう。
「さまよう」も「さすらう」に似た言葉ですが、
漢字でかくと「さ迷う・彷徨う」となり、
目指す場所が見つからずに迷い歩くことや、
心や考えが決まらずに迷うという意味も含み、
迷っているニュアンスが強くなります。

Q. 「そぞろ歩き」はどういう意味？

A. あてもなく、ぶらぶらと歩くことです。

漢字では「漫歩」と書き、漫然と（特に目的もなく）歩くことをいいます。散歩をするという代わりに使える言葉です。「足の赴くまま」「足の向くまま」といった表現も、自由を楽しんで歩いている感じが伝わります。

Q. 「道」に関係する大和言葉を教えて！

A. 「辻」や「葛折り」などがあります。

「辻」は2本の道路が十字に交差しているところです。交差点と同じ意味ではありますが風情があり、車が少ない交差点などには「辻」の方が似合いそうです。「葛折り」は、山道などが曲がりくねっていること。紅葉の名所、日光の「いろは坂」が有名です。

栃木県日光市にあるいろは坂は、48カ所のヘアピンカーブが続く国道です。

晴天の下のヒマワリ。太陽の光
が明るい快晴の空は、まさしく
「天晴」と表現できる景色です。

フランス語なら「ブラボー」、感動して褒めたたえる言葉です。

「あっぱれ」は、人の行為に感動して、
誉めたたえる気持ちを表す言葉で、
「あっぱれ」と感動詞として使うことも、
「あっぱれな行いだ」と形容動詞として使うこともあります。
元々は、「あはれ」が促音化した言葉。
「あわれ」というと不憫で悲しくなる様子を表す言葉なので
意外に思うかもしれませんが、平安時代には、
「あわれ」は喜びも悲しみも深め、胸にしみ入る感動でした。
中世以降、賞賛する時には「あっぱれ」、
悲哀を表す時は「あわれ」と使い分けられるようになったといいます。

① 漢字ではどう書くの？

A 「天晴」です。

漢字の意味や音から連想されてつけられた当て字です。「遉」と一字で書く場合もあります。

② 嬉しいことを表す和の言葉を教えて！

A 「高笑い」はいかがでしょう。

嬉しさで感情を抑えきれず、周りを気にせずに大声で笑うことです。喜んだ後で、事実が違っていたりすると「糠喜び」だったということになります。ちなみに「糠喜び」も和の言葉です。

③ びっくりしたことを表す言葉は？

A 非常にびっくりすることを「たまげる」と言います。

漢字では「魂消る」と書き、魂が消えるほどに驚くことを表しています。俗語的表現として、ひどくたまげた時には、「ぶったまげる」「おったまげる」と言います。予期しないことに驚いて、ドキッとすることを「と胸を突く」と言います。「と胸」の「と」は接頭語で「胸」を強めています。

おわりに

大和言葉との出会いはいかがでしたか。

知らない言葉との出会い。耳にしたことがあるけれど、深くは知らなかった言葉との出会い直し。

この本がそんな出会いをお届けできていたら幸いです。

新たな言葉を自分のなかに根付かせるには、少し時間や手間がかかります。

お時間が許せば、間をあけて読み返したり、

気に入った言葉を書き留めたりしていただければと思います。

身につけるのにいちばん良いのは、実際にご自身で使っていただくことです。

三度使えば、その言葉はあなたのものになります。

手紙やメールの時候の挨拶にさりげなく大和言葉を取り入れてみてはいかがでしょう。

「風薫る五月ですが、いかがお過ごしですか」

「ようやく少しずつ、日脚が伸びてきたと感じております」と、

自分の実感をこめて書けるようになると、時候の挨拶も楽しいものです。

また、近年は俳句が人気を集めています。

どこに発表するわけでなくても、心の動いた風物を自分なりの俳句にしてみるのも素敵なことです。

大和言葉や季節の風物をもっと知りたいと思われた方は、

俳句を作る人が愛用する「歳時記」を手に取るのも良いでしょう。

まちなかの植物、鳥の鳴き声、旬の食べ物、昔からの年中行事、空や雲の美しさ……。

そうしたひとつひとつの魅力に気づく手がかりとなるはずです。

この本を手に取ってくださった皆様が、大和言葉を通じて、

より豊かな世界を見出し、日々を楽しめますように。

監修者プロフィール

吉田裕子（よしだ ゆうこ）

東京大学在学中から塾講師として教壇に立ち、卒業後は大手学習塾や私立高等学校で経験を積み、現在は大学受験 Gnoble で難関大学受験生を指導すると同時に、朝日カルチャーセンター・毎日文化センター・NHK 学園などで古典入門講座・文章の書き方講座などを担当する。日本語・敬語の指導役として、テレビ・雑誌などのメディアに登場。聞き手の層やニーズに合わせた企業研修や講演も行う。

主な参考文献（順不同）

『大和言葉がまるごとわかる本』吉田裕子監修（晋遊社）

『品よく美しく伝わる 大和言葉たしなみ帖』吉田裕子監修（永岡書店）

『ビジュアル大和言葉辞典』大和心研究会（大和書房）

『いちばんわかりやすい 俳句歳時記』辻桃子・安部元気（主婦の友社）

フォトグラファー一覧

沖縄県のビーチから見える天の川。

世界でいちばん素敵な

大和言葉の教室

2020年7月1日　第1刷発行
2024年12月1日　第3刷発行

監修	吉田裕子	
写真	Shutterstock	
	PIXTA	
装丁	公平恵美	
デザイン	小池那緒子（ナイスク）	
文	阪井薫	
協力	ナイスク（http://naisg.com）	
	松尾里央	
	高作真紀	
	藤原祐葉	
	安藤沙帆	
	鈴木英里子	

発行人	塩見正孝
編集人	神浦高志
販売営業	小川仙丈
	中村崇
	神浦絢子

印刷・製本　　TOPPANクロレ株式会社

発行　　　株式会社三才ブックス
〒101-0041
東京都千代田区神田須田町2-6-5
OS'85ビル
TEL：03-3255-7995
FAX：03-5298-3520
https://www.sansaibooks.co.jp/
mail：info@sansaibooks.co.jp
facebook
https://www.facebook.com/yozora.kyoshitsu
Twitter　@hoshi_kyoshitsu
Instagram　@suteki_na_kyoshitsu